認知行動療法で
周囲の気持ちがわ
かる自分になる

# 不好搞的人际关系

和6种人格类型的沟通指南

[日] 玉井仁 ◎ 编著
杜爽 ◎ 译

中国纺织出版社有限公司

Ninchikoudouryohou de syuinokimochigawakarujibunninaru
Copyright © 2021 Hitoshi Tamai
All rights reserved.
First original Japanese edition published by JMA Management Center Inc., Japan.
Chinese (in simplified character only) translation rights arranged with JMA Management Center Inc., Japan.
Through CREEK & RIVER Co., Ltd. and CREEK & RIVER SHANGHAI Co., Ltd.

**著作权合同登记号：图字：01-2024-4667**

### 图书在版编目（CIP）数据

不好搞的人际关系：和6种人格类型的沟通指南 /（日）玉井仁编著；杜爽译. -- 北京：中国纺织出版社有限公司，2025.2. -- ISBN 978-7-5229-2295-9

Ⅰ.C912.11-49

中国国家版本馆CIP数据核字第2024436N12号

---

责任编辑：柳华君　　责任校对：寇晨晨　　责任印制：储志伟

中国纺织出版社有限公司出版发行
地址：北京市朝阳区百子湾东里A407号楼　邮政编码：100124
销售电话：010—67004422　传真：010—87155801
http://www.c-textilep.com
中国纺织出版社天猫旗舰店
官方微博 http://weibo.com/2119887771
河北延风印务有限公司印刷　各地新华书店经销
2025年2月第1版第1次印刷
开本：787×1092　1/32　印张：6.25
字数：106千字　定价：55.00元

---

凡购本书，如有缺页、倒页、脱页，由本社图书营销中心调换

# 前言

近年来,人际交往中的摩擦层出不穷。

本是微不足道的小差池,一句"对不起"却已经无法息事宁人了,类似这样的氛围在社会上蔓延开来。让人惊惶的是,就连新闻和媒体报道也在助长这种风气。

对日常的人际交往感到焦虑的人应该为数不少吧。

但在现实生活中,我们无法只和意气相投的人来往。

"为什么我就没办法和那个人顺畅交流呢?"

"那个人是不是有点过于自我中心了呢,我真无法理解他为什么会那样。"

于是,有人会在不知不觉中去迎合他人,从而把压力堆积在自己心里;也有人因为他人的言行不遂己愿,倍感压力。

本书将我们观察事物的视角客观地切分为若干步骤,同时把人的性格划分为6种类型进行解读,希望能帮大家减少对人际关系的烦恼。我愿将自己赖以谋生的本职——心理咨询相关的专业理论和方法,条分缕析地呈现给大家。

本书将介绍如下两部分内容：一部分内容属于我自己的专业范畴——认知行为疗法的入门知识，该疗法在日本已被列入了医疗保险的报销范围，其对各类精神疾病的治疗效果广获认可；另一部分内容——人格适应论，这并不是我的专长，它是致力于通过交流分析，把人们复杂隐晦的心理简单明晰地呈现出来，从而解决心理问题的心理学家们的见地。

如果掌握了人格适应论的知识，理解认知行为疗法就会变得很简单，因此请试着运用人格适应论去分类识人。因为对自己和他人了解得越深入，就越容易找到恰当的与人相处之道。

您既可以先明确自己所属的性格类型，深谙自身以后再去了解其他的人格类型，当然也可以先从您关心的人的性格类型着手。无论您从何处着眼，都希望您能在理解您自身以及与您迥异的性格类型的人的想法、感受、行为倾向的过程中，拓宽自己的边界。

玉井仁

# 目 录

### 第1步　认知行为疗法的基础知识

01 认知行为疗法通过"了解自我"让人获得松弛感……2
02 理解他人所必需的心理知识……6
03 如何看待人际交往的边界……12
专栏 1　记录每日心情,诊断心情天气……16
理解度测试……18

### 第2步　厘清你的内心世界,你属于哪一类人格呢

01 你是什么类型的人格?来进行自我监控吧……20
02 想象型人格——耽于想象的梦想家……26
03 行动型人格——富有魅力的操纵者……30
04 信念型人格——富有才华的怀疑者……34
05 反应型人格——幽默的反抗者……38
06 思考型人格——责任感强烈的工作狂……42
07 感情型人格——狂热的过度反应者……46
专栏 2　容易过度解读他人情绪的HSP(高敏感人格)……50
理解度测试……52

### 第3步　参照人格类型,理解自身的行为模式

01 洞悉自己思考模式的缺陷……54
02 想象型人格——体贴但不擅社交……60
03 行动型人格——行动力强大但偶尔叛逆……64

目录 | 1

| 04 | 信念型人格——头脑清晰但疑心颇重 | 68 |
| 05 | 反应型人格——欢快活泼、生气勃勃的顽固派 | 72 |
| 06 | 思考型人格——纯良正直,过分勤勉 | 76 |
| 07 | 感情型人格——精力充沛但容易自我陶醉 | 80 |

专栏 3　改变自己和改变他人都不可急于求成 ………… 84
理解度测试 ……………………………………………… 86

### 第4步　遇到这种情况怎么办？针对不同适应类型的相处方法

| 01 | 运用认知重构,逐步改变思考模式 | 88 |
| 02 | 沟通模式与"接触门"理论 | 92 |
| 03 | 想象型人格——通过深入交流提升个人魅力 | 96 |
| 04 | 行动型人格——通过治愈童年的伤痛,体悟到合作的重要性 | 102 |
| 05 | 信念型人格——他人的保护让他们放下心中疑惧 | 108 |
| 06 | 反应型人格——领悟了对抗本无必要,才懂得如何与人协作 | 114 |
| 07 | 思考型人格——了解自身魅力,放松紧绷的弦 | 120 |
| 08 | 感情型人格——若能分清感情和事实,就能冷静做出判断 | 126 |

专栏 4　运用正念冥想,实现自我俯瞰 ………………… 132
理解度测试 ……………………………………………… 134

### 第5步　如何跟不同的人格类型打交道

01　不同的人格类型，不同的相处之道 ········ 136
02　想象型和其他人格类型的相处模式 ········ 140
03　行动型和其他人格类型的相处模式 ········ 146
04　信念型和其他人格类型的相处模式 ········ 152
05　反应型和其他人格类型的相处模式 ········ 158
06　思考型和其他人格类型的相处模式 ········ 164
07　感情型和其他人格类型的相处模式 ········ 170

**专栏 5**　切不可把人格适应模型绝对化 ········ 176

**理解度测试** ········ 177

**参考书籍** ········ 178
**术语索引** ········ 179
**译后记** ········ 184

# 第 1 步

# 认知行为疗法的基础知识

想要读懂他人的情绪,必须要先知晓自己和他人的个性。因此,本章将介绍的是包括人格适应论在内的相关基础知识。

# 01 认知行为疗法通过"了解自我"让人获得松弛感

## 社交网络妨害社交

在社交网络已然被视为一种重要交际手段的当下,现实社会中面对面交流的机会变少了,或许正因为如此,真实社交中的问题频频发生。社交问题发生的主要原因在于,"感知对方情绪的能力"的失衡——或者显著低下,或者过度发达。

人是通过多方面的体验来理解他人的。和众人的交流、共处能够让我们理解他人,并自然而然地了解他人的思考方式。

然而,未能充分经历与人交流、共处等过程就长大成人、进入社会的话,就会茫然不知世间有形形色色性格的人存在，并被迫在这份茫然中参与社会生活。这种情况催生了"情绪感知无能"的人。

感知他人情绪的无能，不仅源于人际交流等经验的匮乏，也和个人的心理压力有关。总体而言，借由社交网络进行的交际，本来就比面对面的交流更难传情达意，并更能让人感到压力。如此一来，在读懂对方的情绪之前，就可能会因为自身压力过大而引发交流障碍。

## 给你的自动思维赋予多元化的视角

认知行为疗法，是一种用于治疗抑郁症和失眠的心理疗法，同时也是能够帮助人们进行客观的自我认知，用多元化的视角改变个体行为的心理疗法。

自动思维在认知行为疗法中指人们对某一事件产生的即时感受和认知，称作"自动思维"。

当人们处于消极的心理状态中时，消极的自动思维就容易被激活。这种自动思维唤起的情绪和行为自然也是消极的，从而使人陷入一种恶性循环。

修正消极的自动思维、拓宽视角，正是认知行为疗法的功用所在。

人们一旦发现了看待事物的新视角，那些原本被其视为痛苦或者悲伤的事情将会焕然不同，人们的心情自然也会变得愉快轻松。

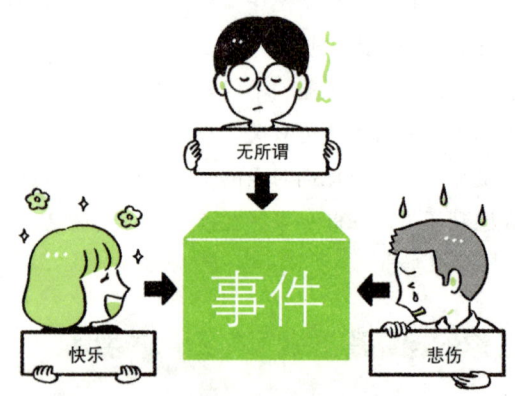

对待同一件事情,人们可以有多种不同的看法

## 维持视角平衡,避免思维陷阱

包括"自动思维"在内,思维共分为三个层次。"自动思维"是最浅层次的思维形式。继续深入一步,则是自动思维背后的"具有惯性的中间信念"。诸如"如此这般的话,就会怎样""我应该如何"之类的对某种假设的确信,触发了人的自动思维。

继续深入一步的话,则是被称作"图式"的核心信念,它是为我们的经历赋予意义的最深层的价值观。它是我们日常生活的基石,虽然平时并不显露于外,但会在剧烈的情绪体验中表露出来。

随着情绪的平复,核心信念会再次潜形匿迹,但"图式"无时无刻不在我们的心底深处,影响着我们的"自动思维"。

　　这三层思维形式本无所谓优劣对错。认知行为疗法旨在通过拓展思考的范围，改变偏狭的、过度受限的视角，调整思维，从而达成视角的平衡，摆脱认知的恶性循环。知悉视角有不同但仍旧选择坚持自己的看法，和在全然不知的情况下坚持自己的看法，二者的本质大不相同。

　　了解自己内心深处的"图式"，也意味着了解自己的本性。如果能够意识到"我原来是这么任性的人啊！""我竟然这么固执啊！"，就意味着巨大的进步。即便不能立竿见影地改变自己，但"了解自我"本身就意义深远。

---

**本节要点**

关注自动思维所固化形成的"确信"

# 02 理解他人所必需的心理知识

## 理解对方与自我认同

认知行为疗法所进行的第一步干预,是帮助人们进行自我俯瞰,使他们理解自身的行为,虽然仅靠自我俯瞰并不能让我们"理解他人的情绪"。但是换个角度来说,所谓"自己的视角",其实大抵也是"滤镜之下"的视角而已。

换言之,<u>人们都是带着偏见来认识他人的</u>。运用认知行为疗法俯瞰自己片面的视角,然后试着用平行的视角进行观察,就可以帮我们了解自己究竟是怎样看待事物的,并且也能够重新认识到他人又是通过怎样的"滤镜"看待我们的。

为了改善自己的"观人滤镜",就必须修正前文中提到过的图式,即核心信念。

思维图式会导致我们产生思维定势,一个人在成长的过程中,如果没有得到恰当的支持,或者与父母性格不合,就会表现出强烈的自我否定的倾向。如此一来,此人就会成长为一个"自我认同感"很低的人。

自我否定的人,看待事物时会有强烈的消极倾向,也容易产生更多的负性思维。人际关系会发生问题,有时原因就在于人们的"自我认同感"薄弱。

## 通过沟通分析对人进行分类

心理咨询领域里的沟通分析疗法,是帮助人们认识自己是怎样的人,进而帮助其改善人际关系的疗法。沟通分析疗法中的人格适应论把人大致划分为了六个类别,通过了解这6种人格适应类型,我们可以比较客观地解读他人的思维模式和行为。

沟通分析疗法是心理学家及精神科医生艾瑞克·伯恩于20世纪50年代提出的。该方法的特点在于简单易实操,不仅适合心理咨询师使用,采访者自己也可以独立进行,哪怕10岁的来访者也可以轻松上手。

认知行为疗法和沟通分析疗法为众多心理咨询师所熟知,在学习这两个方法的过程中,您和他人之间的关系就会得到改善。本书将会尽可能地用通俗易懂的语言,向您介绍这些方法。

6 种人格适应类型

- 想像型
- 行动型
- 思考型
- 反应型
- 信念型
- 感情型

## 沟通分析的哲学——人人存在即合理

沟通分析疗法中,有三个基本的心理咨询的哲学信条,同时也是咨询师面对来访者时要秉持的基本理念。

首先,第一条是"任何人都有其存在的合理性"。

无论什么样的人,都是有价值的、重要的、有尊严的。这种沟通分析的哲学,不仅是面对来访者时需要秉持的态度,也是咨询师在对待自己时需要秉持的态度。

允许自己做自己,同时也允许别人做别人。不妨在此基础上再去否定或评判自己与他人。

其次，第二条是**"任何人都有思考的能力"**。

也就是说，他人是可以独立思考、按照自己的意愿生活，并有能力把他的想法传达给你的。咨询师面对来访者的时候，不是要代替来访者去思考，而是要着力去激发来访者的思考能力。

## 人格适应模型中的6类人格

最后，第三条是"人生的过往虽不可改变，但过去所做的决定是可以改变的"。人们是依从着自己幼年时形成的思考方式、情感态度和行为模式生活的，并且，这些思考方式和情感态度也是可以继续变化的。

当你想要改变自己的时候，你需要坚信的是，无论什么样的人都是能够按照自己的意愿进行自我改进的。

这些沟通分析疗法的基本理念，同样适用于在和朋友、上司或下属等对象交流时。就算是再糟糕的人也有其存在的价值，人是可以通过独立思考解决问题的，就算会遭遇困难，但改变依然是可以实现的——这三个基本的思考方式，可以说是处理人际关系时最重要的信念。

接下来我想以这三个理念为基础，解说一下前文中提到的人格适应模型中的6类人格。它们分别是分裂样，又名耽于想象的梦想家（想象型人格）；反社会型，又名富有魅力的操纵者（行动型人格）；偏执型，又名富有才华的怀疑者（信念型人格）；被迫攻击型，又名幽默的反抗者

（反应型人格）；强迫型，又名责任感强烈的工作狂（思考型人格）；表演型，又名狂热的过度反应者（感情型人格）。这些名称听起来很让人匪夷所思，但的确是心理学家基于临床数据划分得出的。

个体不同，6类人格的关联方式也有所不同

## 一个人可以同时拥有多种类型的人格

有关6类人格的详情，后文会慢慢予以解说。但要注意的是，并不是所有的人都能恰好地匹配这6类人格中的一种。

有时候，多种人格是杂糅并存于一身的，一个人在日常状态下的人格倾向，与他在消极状态下的人格倾向可能是迥异的。可以说是一种人格作为主体，在此基础上又会混杂其他人格于其中。

这些多样化的人格倾向，基本上是基于个体在幼儿期和父母之间的情感连接与经验而形成的。尤其是6岁前的经历，会在很大程度上影响到一个人的人格形成。所谓"三岁看大，七岁看老"，一个人人格的基本盘在他幼年时期就已经成型了。不过，从6岁到长大成人的过程中，还会有其他人格倾向以补充或叠加的形式进入这个基本盘，并表现出来。

通过学习人格适应模型，你可以发现自己曾经不自知的一面。同时，通过客观的自我审视，你也可以卸下自己的"观人滤镜"，用平等客观的视角去看待他人。

---

### 本节要点

任何人都有其存在的合理性，可以独立思考，并具备自我改变的能力

## 03 如何看待人际交往的边界

| 人际关系的边界 | | |
|---|---|---|
| | 能说出口 | 能够接受 |
| "不" | ✗ 擅长拒绝 | ✗ 擅长调整 |
| "好" | ◯ 擅长赞美 | ◯ 擅长接受 |

### 明确边界,建立良好的人际关系

前面介绍了人格适应模型的基本框架,接下来将要谈及的是人与人之间的边界。如前文所述,沟通分析疗法主张"人人存在即合理",不过认可其存在的合理性,并不等同于对这个人做出了肯定性的评价。

对他人意见的全盘接受,可能会让你丧失自我;对他人的一味否定,又可能会让你陷入否定自我存在价值的痛苦泥潭。

对他人说"好"意味着对对方的接纳,而对他人说"不"

则意味着和对方厘清边界。不过，说"不"并不等同于拒绝承认对方存在的合理性，相反，为了自我保护说出的"不"是非常重要的。你需要明白的是，就如上图所示那样，这种情形下说出的"不"，其实是一种懂得拒绝的表现。

对别人的无理要求说"好"，继而让自己长时间背负着巨大的压力，是十分痛苦的。不过，这并不意味着我们不该去轻易说"好"。常言道，"与人方便，与己方便"，如果是对自己有帮助或者有意义的事，就算是要多少费些周折才能完成也应该说"好"。

### "不"并不意味着否定

被人拒绝，并不意味着别人对你本身的否定，我们需要习惯的是，他人会出于各种各样的原因而不得不对我们说"不"。

如果你能够从容地接受来自他人的"不"，那么可以说你是一个善于自我调整的人。如果你因为别人说的"不"而屡屡深感沮丧，那么对方也会因此而感到焦虑。

人一旦陷入消极状态，就可能会把本来没什么大不了的"不"归结为对自己的否定。这种时候，你需要按下思考的暂停键，尝试进行自我俯瞰。

不能很好地调整人际边界的人，大多是因为幼年时期受到了父母的过度保护，或是受到了父母权威的压制；也可能是在成年后遭遇了巨大的心理创伤，导致他无法恰当妥帖地处理与他人的边界。

因为群体压力而不敢说"不"

崇尚以和为贵、重视与他人间的和谐圆融的人,会在无形的群体压力之下,倾向于和他人保持意见一致

## 不擅长划分边界的人

重视人际和谐的人,尤其不敢轻易对他人说"不",往往忍了又忍,最终忍无可忍而自困于绝境,导致轻生惨剧的发生。

"群体压力"这个说法经常会被人们提及。在许多地方,人们都在无形之中承受着和周遭的人必须保持一致的压力。和谐这件事,有好的一面,也有不好的一面,和谐有时意味着对个体突出个性的否定。

一个既以和为贵,同时也尊重独特个性的社会,才是一个人与人之间彼此尊重、有足够安全感的社会。切记一定要尊重每个人的价值观及其存在的意义。因此,不能恰当妥帖地划清人际边界的人,必然也受到了其身后社会习俗的影响。

如果你正苦恼于自己无法和他人划清边界,这件事的原因可能就在幼年时期的你自己身上,或者是和你幼年时的心理创伤有关。也许你现在还不能恰当地处理与他人的边界,但在运用本书介绍的认知行为疗法和沟通分析疗法以后,你将有可能告别这个烦恼。

让我们一起积跬步致千里,一小步一小步地构筑起稳定平衡的人际边界吧。

尤其是要敢于对别人说"不",也要能坦然接受别人对自己说"不",不要过度介怀"拒绝",这一点对有的人而言是尤其重要的。我们需要意识到的是,"不"字虽然具有否定含义,但也仅是对意见的阐明,并不意味着对自己或他人本身的否定。

---

**本节要点**

构筑恰到好处的人际边界

第1步　第2步　第3步　第4步　第5步

> **专栏 1**

### 记录每日心情，诊断心情天气

认知行为疗法通过指导个体记录发生在自己身上的事以及自己的想法，来帮助个体进行客观的自我俯瞰。通常的做法是像第2步开篇所写的那样，把日常发生的事情记录下来，不过还有一种方法，那就是像观测天气一样，从全局的视角观察每一天的心情变化。

心情愉快的日子写"晴朗"，心情不佳的时候写"阴雨"，心情一般的时候写"多云"……将心情天气如实记录在日历上，能让我们从1周或者1个月的时间跨度上查看心情的变化。

然后，写下来你从中发现了什么。如果自己想法的变化具有某种规律性，或者仅在某件特定的事情发生的时候心情不佳，那么另找一本日志把当时发生的事记录下来的做法或许也不错。有的人可能是一周里的某一天（或某几天）心情不好，也有的人或许会通过早、中、晚三段式的记录，发现只有晚上的时候心情不好。

  最终你就会明白自己的想法经历了怎样的变化。记录得越久，数据就积累得越多，就更可能对自己日常的心理变化持有客观的态度。

  这个做法和减肥等时候使用的"笔记法"，在方法论上是相同的。通过记笔记，我们可以细致地观察自己的减肥等行为，同样我们也可以尝试通过记心情日记，深入地观察自己心情的"天气"。

  如此一来，我们就会明白自己要怎么做才能从有压力的生活模式中"逃脱"，怎样才能拥有更好的心理状态。

# 理解度测试

☐ 对自动思维（对事件的偏颇执念）的修正是认知行为疗法的一个环节。

☐ 图式＝价值观＝思维的基础，它是自动思维的起点。

☐ 思维定势可能会削弱自我认同感。

☐ 和身边的人不一样又何妨？重要的是，坚持做自己的同时，与他人保持和谐。

☐ 沟通分析理论的三个信条：人人存在即合理，人人皆有独立思考能力，曾经的决断可以改变。

☐ "三岁看小七岁看老"，人格的基本盘在幼年期就已经形成。

☐ "认可他人"和"保护自己，恪守边界"，二者是可以兼得的。

# 第 2 步

# 厘清你的内心世界，
# 你属于哪一类人格呢

我们先一起来做一下自我监控，再来介绍人格适应模型的六类人格。让我们一起去试着辨别自己的人格类型吧。

# 01 你是什么类型的人格？来进行自我监控吧

### 知易行难的自我俯瞰

本书介绍的是综合运用认知行为疗法和人格适应理论，来进行自我认知和认知他人的方法。接下来首先要介绍的是认知行为疗法中最基本的"自我俯瞰"。

自我俯瞰说起来简单，想要养成这种客观自我审视的习惯却一点也不简单。为此，有必要逐步学习如何进行自我俯瞰。

最重要的是整理清楚自己内心的状态。一件事发生以后，人们是按照特定的顺序去应对的：首先进行的是对这件事的自动思维，随后会有相应的情感被激发，继而再付诸行动。你要尝试着把自己这些内心的状态悉数写下来。

比如，当你面对"提交的方案被否决"这一事件时，如果首先启动的是"我这个人不行"这样的自动思维，紧接着"失落、悲伤"的情绪就会涌现出来，进而做出"哭泣、逃避"这样的行为。如果你把这一系列的思维历程、情绪体验和行为表现都记录下来，然后反复修正自己的思考，也许就会意识到"被否定的是提案而不是我自己"或者"这不是一件值得哭泣的事"，从而实现客观的自我俯瞰。

## 通过记录来进行自我的客观审视

既可以按照你自己的方式去记录前述的内心状态，也可以使用"状态确认表"这一工具，来进行客观的记录。

客观地审视自己的这一过程就叫作"自我监控"。我们能够通过记录自己的行为、情绪和思维，来客观地审视自己，从而觉察到自身自动思维的过度和行为的欠妥。

这样的记录不仅可以帮我们进行客观的自我审视，也是推动我们持续记录下去的动力。想要不断地了解自己、改变自己，保持自我审视的意识和动机是不可或缺的。像记日记那样定期做记录，便可以养成随手记录的习惯了。

此外，我们能够通过记录，用更长远的视角观察自己思维和行为的变化。可能会发现自己相较以前变得更好了，也可能会发现自己反倒变得更偏激了。如此一来，在不断进行自我监控的过程中，就能够了解到"连自己都不曾自知的特点和性格"了。

在压力爆棚的状态下,做一下自我监控,对自身的内心状态进行一些客观的审视,或多或少能够缓解一些压力。能够控制高压之下的自身情绪,这其实是非常重要的能力。

## 通过自我监测,发现未知的自己

我们可能一开始无法接受来自他人的批评声音,但在沉淀与理解之后,最终是能够坦然接受这些批评的。了解自身的不足之处与优秀之处,从而加深对自己的认知,可以提高我们的判断力。

坚持每天自我监控,就会逐渐察觉到自身思维和情绪的倾向性。不仅能关注到自己在面临特定的事件时会启动怎样的自动思维,也会明白自己是因为哪些行为或思维方式而感到苦闷，并烦恼于人际交往的。在认知行为治疗和人格适应模型中，自我监控都是备受推崇的做法。

自我监控下的自我探知，对于认知行为疗法抑或人格适应模型而言，都是不可或缺的。在认知行为疗法中，自我监控可以让你意识到自己的思维定势，而在人格适应模型视域下，自我监控可以让你大致了解到自己所属的人格类型。

那么就让我们通过自我监控，试着去分辨一下自己属于人格适应模型中的哪一类人格吧！

---

**本节要点**

记录自身事，俯瞰你自己

## 6类人格的自测表

"琼斯人格适应问卷"原本是一个由72项条目构成的正式的问卷,本书将其简化为如下所示的简易自测表。记下每个问题的得分,然后判断一下自己究竟在哪种个性类型上的倾向性更强吧。

| | | | 非常符合 | 符合 | 不太符合 | 完全不符合 |
|---|---|---|---|---|---|---|
| A型个性 | Q1 | 喜欢独处 | 4 | 3 | 2 | 1 |
| | Q2 | 相较于倾诉和表达,更喜欢倾听和思考 | 4 | 3 | 2 | 1 |
| | Q3 | 不习惯受人关注 | 4 | 3 | 2 | 1 |
| | Q4 | 向他人求助时会心生歉疚 | 4 | 3 | 2 | 1 |
| | Q5 | 喜欢天马行空地空想 | 4 | 3 | 2 | 1 |
| B型个性 | Q1 | 处事灵活 | 4 | 3 | 2 | 1 |
| | Q2 | 喜欢刺激 | 4 | 3 | 2 | 1 |
| | Q3 | 不喜欢墨守成规 | 4 | 3 | 2 | 1 |
| | Q4 | 自己认定的事,不惜冒险也要完成 | 4 | 3 | 2 | 1 |
| | Q5 | 但凡心仪的东西,都必须要得到 | 4 | 3 | 2 | 1 |
| C型个性 | Q1 | 比较循规蹈矩 | 4 | 3 | 2 | 1 |
| | Q2 | 不太相信他人 | 4 | 3 | 2 | 1 |
| | Q3 | 认为自己应为可能发生的坏事做足准备 | 4 | 3 | 2 | 1 |
| | Q4 | 喜欢自我管理 | 4 | 3 | 2 | 1 |
| | Q5 | 忍耐力强 | 4 | 3 | 2 | 1 |

续表

|  |  | 非常符合 | 符合 | 不太符合 | 完全不符合 |
|---|---|---|---|---|---|
| D型个性 | Q1 做任何事都想要享受到乐趣 | 4 | 3 | 2 | 1 |
| | Q2 认为想做的事，就应该放手去做 | 4 | 3 | 2 | 1 |
| | Q3 讨厌被他人指手画脚 | 4 | 3 | 2 | 1 |
| | Q4 认为幽默感非常重要 | 4 | 3 | 2 | 1 |
| | Q5 不擅长分辨是非黑白 | 4 | 3 | 2 | 1 |
| E型个性 | Q1 责任感强 | 4 | 3 | 2 | 1 |
| | Q2 总是很忙碌 | 4 | 3 | 2 | 1 |
| | Q3 讨厌浪费时间 | 4 | 3 | 2 | 1 |
| | Q4 如不能按计划行事，就会心烦意乱 | 4 | 3 | 2 | 1 |
| | Q5 开不开心不重要，理性思考更重要 | 4 | 3 | 2 | 1 |
| F型个性 | Q1 喜欢保持愉悦的心情 | 4 | 3 | 2 | 1 |
| | Q2 良好的人际关系十分重要 | 4 | 3 | 2 | 1 |
| | Q3 最喜欢做能让他人开心的事 | 4 | 3 | 2 | 1 |
| | Q4 比较擅长社交 | 4 | 3 | 2 | 1 |
| | Q5 容易被别人的意见左右 | 4 | 3 | 2 | 1 |

**各类别的得分汇总**

| 合计 | A型 想像型 ☐☐☐ 分 | B型 行动型 ☐☐☐ 分 | C型 信念型 ☐☐☐ 分 | D型 反应型 ☐☐☐ 分 | E型 思考型 ☐☐☐ 分 | F型 感情型 ☐☐☐ 分 |
|---|---|---|---|---|---|---|

# 02 想象型人格——耽于想象的梦想家

## 容易社交焦虑但独具匠人气质的想象型人格

首先介绍的是第一种人格类型（A型个性）——分裂样，又名耽于想象的梦想家。为了方便理解，本书姑且将其简称为想象型。总的来说，这种人格类型的人不习惯集体活动、喜欢独处，喜欢天马行空地空想胜过付诸实际行动。

这种人经常一个人孜孜不倦地埋头踏实做事，有着哲学家或作家一般的性格。他们羞耻心强，不太擅长与人交往，喜欢闭门不出，并且热衷钻研。此外，他们也有着极高的感受能力和同情心，虽然不擅交际，但是心地宽厚柔和。

此类性格的人所从事的职业，除小说家、学者之类的需要独处一室埋头钻研的职业之外，也包含摄影师、家具设计师之类的运用专业技能进行作品创造的工作。

此类个性的人大多不擅交际，存在"社交焦虑"之类的困扰。"失之东隅，收之桑榆"，他们虽然不善于人际交往，但是在自己擅长领域里的知识储备和能力却往往可以胜人一筹。

## 人格适应的两个大类

6种人格类型，可以分为"生存型的适应类型"和"表现型的适应类型"。

所谓"生存型的适应类型"，指的是从出生到一岁半的婴幼儿期发展形成的个性，婴儿与父母之间的互动和婴儿的期待所得到的回应会深刻影响此类型个性的产生。

"表现型的适应类型"，是从一岁半到六岁形成的个性类型，个体在此期间所处的成长环境，以及来自他人的要求，是影响此类个性特征形成的主要因素。想象型、行动型和信念型属于生存型的适应类型，而反应型、思考型和感情型则属于表现型的适应类型。

每个人都至少同时拥有一种"生存型"的人格，以及一种"表现型"的人格。研究表明，不同类型的个性，其人格形成路径是相同的，都受到了幼儿时期父母教养方式的影响。了解一个人"生存型的适应类型"与"表现型的适应类型"的组合方式，可以在一定程度上帮助我们弄清楚这个人的基本人格。

| 第1步 | **第2步** | 第3步 | 第4步 | 第5步 |

> 对父母的养育方式失望,于是选择放弃期待

一个人在幼年时期对父母的养育方式感到失望的话,就会变得对父母不信任,从而发展出想象型的人格

## 放弃对父母的期待,徜徉于一个人的世界

想象型人格属于生存型的适应类型。如果父母对养育孩子这件事表现得不自信,稀里糊涂地敷衍塞责孩子,孩子便会对父母产生不信任感,觉得自己不能从父母那里得到自己期待的东西,于是就形成了此类人格。

除了父母敷衍塞责的教养方式这一诱因,如果父母每天都疲于应付工作或家务,不能抽出时间去关注孩子,孩子也会放弃对父母的期待,从而产生"我不会再要求父母为我做什么了""靠我自己也能行"之类的想法,进而发展出想象型的人格。

社交能力低下,不喜欢集体活动的人,很可能在幼年时期经历过对父母的"放弃"。他们蛰居在自己的世界里,放弃对他人的期待,用天马行空的空想来保护自己。他们对社交活动有抵触感,但同时也大多想象力丰富,艺

术感受力强。

## 作家和哲学家的童年时代是孤独的吗

想象型人格的人，如果幼年时期的缺失感在成长过程中得到了充分弥补，其身上离群索居的倾向虽然可以得到缓解，却无法完全消除。这类人或者热衷于读书，或者沉湎于游戏或玩具，而不会积极主动地去和他人交流互动。

哲学家亚里士多德和歌德，小说家夏目漱石，以及诗人石川啄木，都可以称得上是有作家气质的想象型人格的典型。亚里士多德幼年丧父，夏目漱石出生没多久就被送去别人家里寄养。这些作家中的大多数，在童年时期都有过孤独的成长经历，这些实例也佐证了前面有关想象型人格的分析和解读。

---

**本节要点**

放弃令人失望的父母，独自奔向孤独的空想世界

## 03 行动型人格——富有魅力的操纵者

喜欢刺激　决断力

讨厌权威　内向

精力充沛　领袖气质

### 爱出风头且有领导能力的行动型人格

反社会型人格，是富有魅力的操纵者人格，因其强大的行动力又被称为行动型人格。这一类型的人平时精力充沛、活跃积极，但其实也有着自我封闭的内向一面，是一种很独特的性格。喜欢刺激，喜欢不寻常的事物。

这种性格类型的人讨厌权威，喜欢挑战社会规则。也就是说，具有革新精神、崇尚自由的人，都具有比较显著的行动型人格特征。

这类人属于不暇思考直接行动的性格，倾向于凭直觉去做判断。此外，他们具有很强的领导力，不畏惧新生事物。

他们喜欢标新立异，卓尔不群，有强烈的胜负心。

胜负心和领袖气质是相辅相成的。

学校里每个班上都必定会有一两个爱出风头的同学，

他们就是这类行动型人格的人。他们性格高调、不拘小节,并且看起来永远都精力过人。

但是,这类人格的人有时也会表现出沉闷郁结的一面,让人感到捉摸不定;有时也会表现出为一己私利做打算的自私一面。

## 超前满足式育儿,造就满足感匮乏的行动型人格

行动型人格,也属于"生存型的适应类型",如果父母总是在孩子表达自己的需求之前,就抢先一步为他做好一切的话,这种超前满足的育儿方式,往往就会造就孩子的行动型人格。

在幼儿教育阶段,人们经常会说"不要超前满足孩子",因为超前满足式育儿会使孩子形成行动型人格。

这样做的父母,其自身心理上存在匮乏感,为了填补这种匮乏,他们想要向世人展示自己是所谓的"完美的父母"。

这种养育方式让孩子养成了两手一摊就可以万事不愁的习性,把他人对自己的付出看成是理所当然。此外,这类孩子的父母大多也是倾向于"自我优先"的人,对孩子也会有疲于应付和选择性忽略的时候,所以这种超前满足、过度关注的育儿方式,其实是难以恒定维持的。当孩子发现即便苦等也等不来需求的满足时,被抛弃感便会油然而生。

此外,习惯了父母对自己的有求必应以后,这样的孩

子会为了吸引父母的关注而做出有悖常理的事来。日后，他们也会为了让别人满足自己的需求，而在人际关系中操控他人。

总而言之，自认为理应被满足的需求却未能被实现，对未被满足之事的渴望，会驱动行动型人格的形成。

> 无法恒定输出的超前满足式育儿，让孩子的满足感匮乏

曾经对自己不求即应、有求必应的父母开始无法满足自己的需求时，孩子就会选择一切靠自己

## 革命家和自由主义者大抵是行动型吗

如前所述，当我们明白了一种人格形成的根本原因以后，我们就会明白一个人的性格为什么会有如此积极和消极的一面了。

了解一个人成长背景的内核，对了解一个人的个性而言是不可或缺的。

行动型人格的人，会成为兢兢业业的职场精英或者是实力强劲的创业者。他们勇于挑战具有开创性的新事物，精力充沛且极具煽动性。

南美革命家切·格瓦拉就是行动型人格的名人代表。他是彻头彻尾的反威权革命家。被视为贫苦大众之友的格瓦拉,其实出生于阿根廷的一个富裕家庭,并且曾是一名医学生。为理想而抛弃优渥出身的他可以称得上是极富激情的、为革命燃烧生命的战士。

如此想来,当年成为"安保斗争"[1]主战场的,也是堪称日本顶级精英汇集地的东京大学。虽然反威权人士和自由主义者未必等同于行动型人格,但是他们之间很可能存在着异曲同工之处。

不过,如果一个有反权力主义思想的人兼具行动型人格,那么他可能会无法潜心谋划长远的未来。因此,对行动型人格的人来说,不急于求成,锚定未来认真思考是十分有必要的。

---

**本节要点**

因为需求不能得到外界的满足,转而选择自己去实现

---

[1] 安保斗争(1959—1960年),是日本大规模的反战群众运动。——译者注

# 04 信念型人格——富有才华的怀疑者

个性保守　侠义之心
小题大做　多疑
敏感细致　喜爱传统事物

## 保守且坚定的信念型人格，喜欢制订绵密细致的计划

接下来要介绍的是偏执型人格，即富有才华的怀疑者人格类型，一般被称作信念型人格。此类型和行动型完全相反，做判断时非常保守，且心思缜密。属于对待任何事情都十分慎重并且细致敏感的性格。

他们的感受力非常强，因此也有着细心多疑的一面。无论做任何事情都喜欢制订周密的计划。因为考虑问题过于细致入微，在旁人看来或许有些喜欢小题大做。

他们非常敏感，有时候在普通人看来很稀松平常的事，信念型的人却可能会大惊小怪一番。此外，这类人因为志如磐石坚定不移，所以也更偏好稳定有序的事物。

多疑这一词，单从字面意义而言是消极的，但就个性而言，则意味着对事物的观察深刻细致，颇具理性与能洞察事物本质的深邃思考力。

此型人格的人对传统事物和恒久不易之物的喜爱，远胜于对新鲜出奇的事物，或者对风尚、流行之物的喜爱。因为从不基于直觉和主观感受去做判断，他们往往被人们视为值得信赖的人。

虽然多少会给人不能灵活变通的感觉，但是他们非常具有侠义心肠。

## 反复无常的父母，容易养育出顽固的信念型人格的子女

信念型人格的保守个性，也是在童年时代受父母养育方式的影响而形成的。信念型也属于"生存型的适应类型"。

信念型人格的人，其父母有时对他宠爱有加，有时又对他严厉暴躁，他们在父母激烈极端、反复无常的教养中长大。这种养育方式导致他们失去判断力，经常感到无所适从。

这种无所适从，正是父母对其施加的压力所致。父母疲惫委顿的时候就放任情绪肆意发泄，身心舒畅的时候又和风细雨。孩子不知道该如何与这种反复无常的父母互动，从而对父母和世界都报以怀疑和谨慎的态度。

于是，孩子内心会开始憧憬具有确定性的事物，渴求坚不可摧的稳定的东西，并且行事谨慎，规划细密。观父母以省吾身，任何为人父母者都有缺点与不足给子女带来错误

的示范，同时兼有优点和长处为子女所继承与发扬。正因如此，才形成了信念型这种集包容性和反抗性于一体的人格。

这样的孩子和他们的父母一样，对自身的判断力感到不自信，于是为了抵抗内心的不安稳，反倒坚定了自己要保持一以贯之的姿态的意志。

信念型的人意志的内核强大而坚定，而这完全源自其幼儿时代经常感受到的不安和激荡。他们有着"我自己必须要成为刚毅靠谱的人"这样坚定且不可动摇的信念。

| 冰与火并存的父母亲情，反复无常的教养方式 |
|---|

父母时而如和风细雨般温柔，时而如疾风暴雨般严厉，感受着这种反复无常的教育的孩子，最终会成为多疑敏感的人

## 信念型人格的典型——硬汉高仓健

信念型人格这种既有侠义心肠，又多少有些保守倾向的代表人物，当属闻名遐迩的著名硬汉演员高仓健。他虽然看起来不够灵活机敏且寡言木讷，但性格坦荡如砥，恰是信念型的典型。这样的性格虽然不惹眼也没有棱角，但能让人感受到他坚如磐石的刚毅。

并且在人们看来，他们考虑事情时深思熟虑、情绪稳定自持。虽然他们的思想可能具有保守性，但多少都会给人以意志坚定的印象。据说，高仓健小时候父母都要上班养家，并且父亲基本上都不在家。他的母亲要一边赚钱一边抚育孩子，可以想到当时他的妈妈一定负荷着满满的压力。

一边是虽然疼爱孩子，但有时也难免苛责孩子的妈妈，另一边是很少回家难得见面的爸爸，面对着这样的父母，高仓健或许也曾感到过疑惑不解吧，于是形成了非常侠义的性格。

保守一词，给人以强硬或者印象不佳的感觉。一提到保守的父母，我们头脑中就会浮现出对孩子爱得如大海般深切，同时情绪如海啸般突如其来且凶猛剧烈的母亲形象，这类父母或者是典型的不合格父母，抑或是有些严肃古板的父母。

人格适应类型和父母养育方式之间的相关性如此之高，说明了人格适应模型的解释能力。

至少我们通过这件事可以了解到，一个人的人格，是由他在孩提时代与大人的互动方式塑造的。

---

### 本节要点

与反复无常的父母分道扬镳，性格变得保守坚定

# 05 反应型人格——幽默的反抗者

- 幽默诙谐
- 痴迷于钻研
- 无视他人/惹人厌
- 善社交
- 专注且有韧劲
- 粗枝大叶

## 反应型人格——精力充沛、幽默诙谐的乖戾人格

被迫攻击型人格,即幽默的反抗者,又可以简称为反应型人格。这类人格的人恰如其名,比较幽默,但有时也具有攻击性。

这类人精力充沛,活力四射,喜欢享乐。另外,他们处事态度比较被动,乍看起来不拘小节。实际上,他们非常顽固,一旦触动了他们的"逆鳞",他们就会变得非常具有攻击性。反应型人格的特点在于让人难以捉摸,同时又很幽默。遇到不合心意的事,他们就会意气用事地执拗起来,让怒火展露无遗,并且也有着以自我为中心的一面。

虽说如此，他们的性格却并不浮躁，做事坚韧不拔肯努力。他们还非常擅长社交，喜欢和人们打交道。

此外，因为在人际关系中的基调是被动的，他们会得到大多数人的喜爱。相较于一马当先的领军人，他们更擅长充当智囊出谋划策。

或许是受到了这种被动性格的影响，他们不擅长做决定，二选一的时候会患得患失、犹豫不决，即使做好了决定也依然会纠结不已。

## 对孩子过度依赖的父母，使孩子为了逃避压力而游戏人生

反应型人格属于"表现型的适应类型"。这是个相对而言比较特别的人格类型，其父母的养育方式属于过度管教类。

此类适应类型的人，他们的父母整天把"这个做了吗？""那个干了吗？"挂在嘴边，对孩子指手画脚，孩子为了做自己，不得不和父母对着干。

孩子会感到生存像是一场斗争一样充满压力，为了远离压力，他们选择享乐和幽默不羁的处事方式。他们有时会对父母管束过度的教养方式做出反击，变得具有攻击性，不过他们不会直接攻击父母，而是会以迂回的方式让父母感到不悦。

此外，他们还容易凭个人的好恶去判断事物，并且一

旦陷入自己的执念就会对他人的意见充耳不闻。

> 反应型的人，选择和过度干涉的父母进行斗争

父母对孩子的控制欲过强，会激发孩子的叛逆心，使他们通过玩乐人生的方式反抗父母

不过，他们虽然爱憎很分明，但不擅长做决定，有的人还很优柔寡断。

说到父母对孩子的过度管束，或许人们联想到的是对子女比较严苛的父母，但其实并非如此，他们其实是异常执着于让孩子照着自己的想法行事的父母。

孩子如果被迫接受了非常严苛的管教，形成的不会是反应型人格，而是其他的适应类型，对事物的看法也会与反应型有所不同。或许是承袭了父母的"越俎代庖体质"，他们有时候会强烈地执着于某物。也有人会被不同寻常的独特事物吸引，执拗地对他人的评价置若罔闻。

## 反应型人格的典型——幽默又固执的北野武

北野武是反应型人格的名人代表。他像孩子一样童心未泯，幽默诙谐，又顽固正直。他虽然看上去吊儿郎当，但能够直率地说出自己的好恶，是不折不扣的反应型人格。北野武既是艺人，也是有着旺盛创作欲的电影导演，极具韧性且百折不挠。虽然他乍看上去嘻嘻哈哈的，凡事都不以为意，可一旦受到责难，就会变得具有攻击性，甚至会出其不意地付诸暴力。

北野武的母亲北野幸曾经出过书，还是被拍进过电视剧的"著名妈妈"，爱操心管闲事的她用独特的价值观，把强烈的母爱倾注到孩子的身上。然而这样的母爱对北野武而言，却是强烈的执念，于是他用幽默不恭的姿态来抗争母亲。

反应型看似幽默随意，实则心底暗藏着敏锐的洞察力，有着顽固的一面却让人讨厌不起来。

被迫攻击型的性格虽然特殊，可一旦理解了此型人格，就能洞悉这类人的本质。反应型人格兼具幽默和智慧，并且越是了解得深入，就越会发现他们身上可亲可爱的一面。

---

**本节要点**

因为过度干涉而感到压力，从而被迫变得有攻击性

# 06 思考型人格——责任感强烈的工作狂

一本正经　　　　具有全局观

完美主义　　　　非常严格

容易感到不安　　缺乏松弛感

## 思考型人格——责任感强烈、一本正经的完美主义者

强迫型人格,又名责任感强烈的工作狂,一般还可以称为思考型人格。简言之,就是一本正经的人格类型。永远都中规中矩,行为端正。他们责任感强烈,富有道德感,且有完美主义倾向。

他们会通过达成某件事情,发掘出人生的目的,而且正义感强烈,厌恶做背离道义的事。他们应对事情的时候容易紧张焦虑,做事如果没有全力以赴就会惴惴不安。

和反应型恰恰相反,他们对享乐兴趣索然,喜欢的是认真投入地做事。

此外，他们坚信自己应该去做那些长远看来真正具有意义的事情，而不是为短期的得失做取舍。他们严于律己，日常注意身心的修养与训练，在指导他人的时候也会倾向于严格要求对方。

他们做任何事都会全力以赴、认真对待，不喜欢投机取巧。思考型人格的人，通常会视正直与勤勉为行事的准则。

## 重视目标的达成，企盼获得正面的评价

思考型人格也属于"表现型的适应类型"，他们的父母采用的是目标达成指向的教养方式。

他们从小被教导人生的价值在于能够达成某事，或者能够被人认可与赞许，这让他们过度执着于获得认可这件事。

因为他们坚信，无法达成目标以及获得否定性的评价，对自己而言是羞耻和屈辱的。

所谓的"鸡娃"式父母，更容易养育出此类型人格的孩子。孩子被灌输了"获得认可最重要"的理念，考试要得满分、赛跑要拿第一、要被老师夸奖……于是孩子就在心里种下了凡事都要做到完美的执念。

此外，此型人格的人还具有知性聪慧、洞察力强，并且适应性强的特点。

他们能够凭借自己强大的判断力，研判得知自己应该怎么做才能适应当下的环境。并且，他们往往也是受人仰赖的，是能够在集体当中充当核心、发挥才智的人。

此型人格的人，虽然自己并不强烈向往成为领头羊，但因为实力和个性的加持，往往会成为引领团队前进的领导者。

> 被寄予殷切期望的他们，成了完美主义者

为了回应父母的严格要求和殷切期待，他们执着于认真与完美

## 思考型人格的典型是学生会会长——行止端正，爱惜声名

想举出现实世界中的思考型人格的名人典型并不容易。

以学校为例的话，班长或者学生会长等认真且头脑聪明、深受同学们信赖的学生，应该属于此类型。若是演员饰演的角色的话，那些有精英志向并且带有光环的角色也属于此型人格。

虽然不是完全契合，动画片《哆啦A梦》里的出木杉君或许八九不离十。出木杉给人以认真勤勉、品行端正的印象，非常完美。

此类适应类型的大多数人，其父母也是精英人士且有着完美主义的倾向，在继承父母性格特质的同时，他们也会在很大程度上，质疑这种既要达成目标也要取之有道的行事逻辑，产生"被认可不是最重要的"的叛逆想法。

　　此外，思考型的人虽然看上去似乎完美无缺，但他们不习惯享乐，所以没有比较好的办法去缓解身上的压力。不擅长娱乐消遣，或许就是他们唯一的缺点吧。

　　思考型人格堪称典型的优等生性格。顺应父母的期望而活，也可以算得上是他们身上的一个特点。

---

**本节要点**

肩负达成目标的期待，变成了完美主义者

# 07 感情型人格——狂热的过度反应者

- 利他精神
- 想要心情愉悦
- 感情用事
- 喜欢赏心悦目的东西
- 讨厌思考
- 非常在意他人的情绪

## 充满仁爱精神的利他型人格——感情型人格

最后一个类型是表演型人格,又名狂热的过度反应者,通常还可以称作感情型。虽然"狂热的过度反应者"这一文字表述让人觉得这是种非常极端的人格,但实际上此型人格的人,是非常具有利他精神且常怀公益之心的。

他们发自内心地喜欢帮助他人和为他人带来快乐,孜孜不倦地为他人送去愉悦。他们热衷于和他人交流,也非常喜欢让自己保持心情愉悦的状态。

比起理性思考,他们更喜欢感性主观地判断事物,他们习惯于优先调动自己的直觉和主观感受,而不是智识与知性。因此有时候会做出不理智的判断,表现得自以为是或反应过激。

他们有时会把理性的思考抛到九霄云外，一味沉溺于能取悦自己的选择，从而忽略了是非对错。一旦做出了不甚正确的决定并沉迷于其中，他们就会变得自以为是。

此外，他们强烈的利他心有时会过度旺盛，导致他们做出过犹不及的行为。

"某某所做的事是不是对方带来了伤害呢？""不能让对方开心，这样的自己是不是一无是处呢？"出于这样的思虑，他们有时会表现出很极端的态度。

## 强烈渴望取悦他人，为博取关注会用力过猛

感情型人格也属于"表现型的适应类型"。父母在养育他们的时候，采用的是取悦他人指向的教养方式。

孩子为了让父母或他人感到开心，会努力表现得顺从。如果不能如愿取悦他人，感情型的人就会陷入自我否定之中，并且会为了引起对方的注意而做出完全没必要的行为。

因为此性格基本属于擅长社交、天真无邪，并且充满仁爱的类型，因此和此类人打交道时，大多数人能感受到他们的温柔，并且心生喜悦。

不过，对醉心于孤独感的想象型而言，感情型人格肆意发散的爱心、意图深入交流的兴致，可能会让他们感到强烈的不适。

而在感情型的人看来，想象型的反应给他们带来了深深的失望，甚至会因为自己未能取悦对方而陷入过度的自责。

感情型的人，优先考虑的是主观感受，在得不到对方的积极反馈时他们并不擅长冷静地思考并分析状况。

对感情型的人来说，让他人开心就是最有意义的事，并且是能激发自身能量的事，因此对他们来说，最重要的就是置身于能够给予他们积极反馈的环境当中。

**从小被教导要做别人的开心果**

从小被父母教育要为他人而活，所以顺从地选择了为他人谋福利的人生

## 感情型人格的典范——特蕾莎修女式的利他主义者

特蕾莎修女正是感情型人格的典范。

感情型人格，就如同用仁爱与利他之心谱写生命之歌的护士、护理师一般。他们中的大多数都会积极投身于志

愿服务或爱心募捐等公益活动。

因为非常喜欢为他人付出,给他人带来快乐,所以很多感情型的人都非常适合从事服务行业。

不过,感情型的人对待任何事情都容易感情用事,不擅长通过冷静思考来做判断,因此他们或许应该多倾听一下来自冷静理性的思考型以及信念型的建议,那样应该会对他们大有裨益。如果仅凭主观感受来做判断,确实是非常危险的。

感情型人格热情似火、活力四射的特质,使他们成为不可或缺的气氛制造者。

换个角度来看,思考型和信念型不擅长向他人施以援手,也不擅长积极主动地为他人提供支持。毫无疑问,最理想的状态就是,让感情型的人和思考型、信念型的人优势互补,构筑良好的协作关系。

热心于照顾他人的感情型深得大家的喜爱。在职场上,他们会默默付出,努力为团队带来欢乐。

---

**本节要点**

感情型人格所受的教诲是"被他人喜爱最重要"

## 专栏 2

### 容易过度解读他人情绪的HSP（高敏感人格）

近年来，HSP（高敏感人格）的性格特质得到了广泛关注。HSP是highly sensitive person的缩写，指的是视觉、听觉等感觉器官比普通人更敏感，感受力过强的人。这样的人格特质并非后天形成的，而是与生俱来的。

此类性格的人身上具有四个特征：对感官刺激十分敏感、喜欢深思熟虑、有超乎常人的共情能力、对微小的刺激也反应强烈。

也就是说，HSP比普通人更敏感，也更容易深陷情绪的低谷。据说每五个人中就有一个人是HSP，也就是说，一个集体当中会有20%的人属于HSP。

因为他们对他人的情绪变化过于敏感，所以在人际交往中容易过度解读他人的喜怒哀乐，从而让自己承受过多的消极影响。他们并非不理解他人，而是理解得过于深入了。准确地说，他们有时候会产生偏离实际的过度解读。

HSP的自我认可度不高，共情能力很强，并且容易感到

身心疲惫，因此他们中的大多数也容易陷入抑郁状态。但因为他们的这种性格特质是与生俱来的，所以情绪过敏的程度虽然可以改善，却很难根除。

不过，他们也具有热衷钻研、懂得照顾他人情绪的优点。如果能够选择适合自己的职业和生活环境，将有助于防止抑郁的发生。

# 理解度测试

☐ 自我监控指的是把发生在自己身上的事,分解为行动、情感和思考来记录。

☐ 想象型的人,容易社交焦虑,但是博学多闻,擅长独立完成任务。

☐ 行动型的人,精力旺盛,富有改革精神,但不擅长平心静气地长时间思考。

☐ 信念型的人,非常坚定且有侠义心肠,但疑心重,容易小题大做。

☐ 反应型的人,幽默风趣且专注力强,但其以自我为中心的一面并不讨人喜欢。

☐ 思考型的人,十分认真且责任感强,但不够从容,缺乏松弛感。

☐ 感情型的人,富有利他精神且博爱,但思考能力欠佳。

# 第 3 步
# 参照人格类型,理解自身的行为模式

这一章将会帮助你洞悉自己思考模式上的缺陷,使你能通过自我理解来改变自己。此外,还会分析不同人格类型的性格特质、优势与短板,以及着装特色,等等。

# 01 洞悉自己思考模式的缺陷

啊——

## 不同类型人格思考模式的倾向与缺陷

第2步中已经大致介绍了6类适应类型的形成背景等情况,在第3步中,我们将会进一步深入地介绍不同类型人格具体的性格特点、着装特色、兴趣爱好等情况。通过更进一步的自我了解,能够探明自己思考模式倾向的本质。

了解了一个人思维模式的特点,就能够知悉他在面对什么事情时容易产生消极的思考倾向,以及面对什么事情时容易产生积极的思考倾向。

任何人都有其自身的思考倾向。世上并不存在可以完美应对所有事情的人。

因此，对我们而言真正重要的是，要弄清楚对方有着怎样的人格倾向。面对无法通过成长背景分析判明其人格类型的对象时，我们可以通过分析他的好恶以及习惯，来更加确切地了解他所属的人格类型。

思维模式的缺陷，在任何人身上都或多或少有一些。虽然程度的轻重因人而异，但思维模式的缺陷会强烈地影响一个人的自动思维。这个结论并非来自人格适应类型理论，而是来自认知行为疗法。

## 警惕内心的泥淖——形形色色的思维模式缺陷

- 常把"应该怎么样"记挂于心的"应该思维"模式。
- 容易囿于"非黑即白"二元论的思考模式。
- 凡事容易往坏处想的"负性思维"。
- 把问题都归咎于自己的"个人化思维"。
- 只见树木不见森林的消极视角——"心理过滤"。
- 评价事物，时而畸重时而畸轻的"夸大化或极小化的视角"。
- 把一次偶然的失败视为惯常，对失败"过度概化"。

如上所述，任何人都有在重压之下容易落入的思维模式缺陷。

这些缺陷，任何人都或多或少会有一些，在内心从容平和的时候，我们会用多元化的视角帮助自己避免沦陷，告诉自己"不对不对，不是那么回事"，但当我们被消极思维吞噬的时候，我们就会看不到事物的多重可能性，从而陷于"内心的泥淖"无力拔足。

**自我俯瞰，改变视角**

不同的角度　　柔和有弹性的视角

尝试自我俯瞰以后，你会发现看待事物可以有不同的视角，可以采取柔和且有弹性的视角

## 不必强求"积极正确"，是变快乐与松弛的途径

一旦坠入内心的泥淖，就会很难让视点回正。但如果我们能事先做好功课，知道自己有这样那样的思维模式缺陷，就会容易觉察到缺陷视角的启动——"注意！这个念头又来了"。

自己内心发生的活动，有可能是滤镜后的视角，和客观事实存在些微的偏差。如果能意识到这一点，是相当难得的。

此处要注意的是，我们并非主张必须要让自己的思维变成"积极思维"。

变得积极向上自然是最好不过的事，不过也有人认为变得积极向上这件事本身就会给人带来压力。

归根结底，我们的目的在于改变自己看待事物的视角，让自己变得快乐松弛，而不是在面对任何事情的时候都积极乐观。

同理可知，即使我们了解了其他观点或视角的存在，也没必要强迫自己去改变自己的想法和行为。比如，有人一直认为"吃肉对身体好"，当他听到"吃鱼比吃肉更健康"的说法以后，就变成了鱼肉的拥趸，这么做是不是对的呢？答案是未必。不过，了解了"光吃鱼的人也可以很健康"这样的资讯，可以帮助我们理解与认同他人。

## 可以运用人格类型模型，但不要生搬硬套

人格适应模型本身也是存在问题的。上述的思维模式以及6种人格类型，用于了解他人的人格倾向是可行的，但是也容易强化我们片面性的判断，使我们认为"这种类型的人，肯定就是怎样的"。

人格适应的6种类型，不过是用来帮助我们解决自己身上问题的抓手而已，现实中的人格是远比理论上的模型更加错综复杂的。哪怕某人比较符合某种人格类型，也不意味着直接照搬理论就能解决他的现实问题。

第1步　第2步　**第3步**　第4步　第5步

如果片面地坚信某种人格判定，从而表现出消极的行为，那就和我们运用人格适应的初衷背道而驰了。思维模式缺陷和人格类型，不过是某种人格的倾向性，并不是决定一个人人格的要素。

**十种思维模式缺陷**

- 非黑即白式思维
- 过度概化思维
- 心理过滤
- 负性思维
- 跳跃性思维
- 个人化思维
- 标签化思维
- 应该思维
- 过度感性的思维
- 夸大化思维

## 人生脚本——一个人生活方式的根基

此外，在第3步中，为了进一步深入了解不同的人格适应类型，我们将会解读人的深层心理。沟通分析理论中有一个概念叫作"人生脚本"，即人会在无意识中描画自己人生的剧本，就如同演员所表演的剧本一样。

人生脚本成型于一个人的幼年期到青年期。在编制脚本的过程中需要做很多决定，其中有一种具有消极倾向的决定，叫作"禁止令"。禁止令容易在一个人内心状态不佳的时候表现出来,为不同适应类型的人生脚本赋予特色。比如,一个人在成长过程中,父母对他表现出了"不可以成功""不准有归属感""不准思考"之类否定的、禁止的态度,禁止令就会在他的心中落地生根。

被上面的这些禁止令驱使所做出的行为,叫作"驱动行为"。假设禁止令是"不准重视自己",那么驱动行为就会诠释为"取悦他人"的表现。进而,为了维护自己的人生剧本,人们会表现出所谓的"代用感情"。这是一种依照脚本而外化表现出的情绪。接下来就让我们基于禁止令、驱动行为、代用感情这三个概念,去探究人格适应类型的倾向。

---

本节要点

任何人都有思维模式的缺陷,让我们理解缺陷并释然吧

## 02 想象型人格——体贴但不擅社交

宅男/宅女倾向

喜欢一对一式的社交

不喜欢协作活动

不易被打动

建立深度关系

喜欢低调、大众化的服饰

不喜欢引人注目

### 喜欢孤独、心思细腻且讨厌压力的想象型人格

接下来将要介绍不同适应类型的具体特点，不仅会介绍大致的性格特征，也会涉及不同类型的人格在怎样的情形下，会有怎样的消极表现。此外，也会验证一下不同类型人格所擅长的领域、着装打扮方面的偏好。

如前所述，想象型的人喜欢孤独，有着学者气质，性格温和，能为他人着想，待人亲切。不过，他们的内心状态是比较封闭的，并不喜欢和他人进行积极的互动。他们喜欢读书，也喜欢一个人可以享受的游戏或工作。想象型不会去干涉他人，这也是他回避压力的一种表现。换言之，他们有着内心细腻容易受伤的一面。他们想要避免在人际交往中受到伤害，所以形成了害羞且内敛的性格。

## 相比一对多，更喜欢一对一的相处模式

想象型不擅长同时和很多人交流，从容不迫地与一个人进行一对一的交流是他们更得心应手的。但如果能遇到真正理解自己的对象，为了能够充分地进行深入交流，想象型也会突破自己、克服万难。

他们对自己的服装和随身饰物并不上心，更喜欢低调朴素且大众化的装扮，也不会特别抗拒穿父母或兄弟姐妹的旧衣物。他们尤其不喜欢引人注目，或者在集体中鹤立鸡群的感觉。他们喜欢独自一人完成一件事。

同时，他们对于需要与他人协作分工来完成的工作却不太感兴趣。

## 想象型人格是宅男/宅女气质，是当代人的代表性人格

想象型人格具有典型的宅男/宅女气质。这也说明大多数现代人的父母一代都因为忙于应对工作等育儿之外的事务，对孩子的教养十分敷衍塞责，所以有相当一部分孩子得不到好的照顾。此外，不同适应类型的人格，也有着各自不同的"人生脚本"模式。

因为父母的养育方式不尽如人意,孩子放弃了对父母的期待

父母对孩子的关心不够的话,会让孩子形成自我封闭的个性倾向

想象型人格的驱动信息是"我要变强"。也就是说,他们在内心深处想的是自己必须和自己的感情以及欲望保持距离。

想象型人格的禁止令是"不准有归属感""不准思考""不准成长"之类的指令。最终,这些指令让他们习惯于压抑自己的愤怒和欣喜,并表现出"麻木""无感""不安"等反差性的代用感情。而这一切的最终结果是,他们会产生自我封闭的性格倾向。

## 借助沟通分析理论的三要素,了解当下的自己

沟通分析理论把一个人的内心状态切分成3个部分来观

察分析——来自父母的自我、身为成年人的冷静的自我、自由且需要他人帮助的儿童式的自我。想象型人格在孩提时代经历了困惑、失望，受到来自父母的批判，从而选择了成为内向的"成年人的自我"。

如果内向的性格倾向很严重的话，可能会具体地表现为抗拒上学、闭门不出等行为，成为严重偏好文科的人。如果其他方面的性格要素很强大的话，想象型自我封闭的倾向会有所弱化。热衷于某物且性格飘逸洒脱的人也可以说是带有很强的想象型人格特性元素的人。正如第2步中所述，一个人的大致的人格特征取决于他有着怎样的"生存型人格"与"表现型人格"。通过自我监控可以了解到自身的这两方面人格要素，单单是认识到自己或者他人性格上的消极元素和积极元素，就可以带来自我改变。并且一定不可忘记，人格中的消极元素，是可以通过自我了解得到改变的。

---

**本节要点**

宅男/宅女气质的想象型，喜欢独自一人做事

# 03 行动型人格——行动力强大但偶尔叛逆

- 积极向上
- 内向
- 直觉优先
- 喜欢华丽的服饰
- 喜欢引人注目
- 领导能力
- 冷淡

## 做事的准则取决于个人的好恶

接下来我们来分析一下行动型人格。这类人倾向于用最小的投入取得最大的成果,对结果尤其看重。他们还容易被情绪左右,主动去寻求刺激。

行动型的人做事听凭自己的好恶。漫画《乌龙派出所》中的两津勘吉就是此型人格的典型,他会为了满足自己的需求而不惜气力地努力,但在旁人眼中,他做事的优先顺序却是让人匪夷所思的。

他们非常擅长营销话术,也十分喜欢制造欢乐和笑声,因此在社会上取得成功的不在少数。周围的人可以明显感受到他们的魅力和诱惑性,政治家和创业者大多是此类型的人。而且,他们也是自我中心的,对于不感兴趣的人和事，他们会表现得很冷淡，有时还会出现具有攻击性的言行。看似矛盾的正反两种行为，都是他们为了达成自己的目的所做出的，这样的个性特征究竟是往好的方向还是坏的方向发展，也会让他们的人生截然不同。

## 容易树敌的领导能力

在人际交往中，行动型的人基本上倾向于主动积极地与他人建立关联。与其听别人说，他们更喜欢自己侃侃而谈，比起听从他人的意见，他们更倾向于主动输出自己的观点，是不折不扣的带领团队前进的领导者。如果被委派了深感兴趣的任务，他们会成为能对下属做出明确指示的完美领导者。不过，这样的个性也自然避免不了来自同类型个性的人的抵制。

反之，如果被委派了完全不感兴趣的工作，他们可没办法平静淡然地完成。他们会拒绝分内之事，发泄自己的不满。最糟糕的情况下，他们甚至会把自己的责任强加到别人的身上。

就如同叛逆的年轻人不信赖自己的父母和老师一样，叛逆的行动型也有着不信任他人的倾向。为了实现自己的目的，他们会立刻疏远碍事者。

相应地，为了实现自己的目的，他们也可以做到和任何人合作。

> 既然父母不能满足自己的需求,那就自己来想办法

父母变化无常的、提前满足式的养育方式,让他们决心变强大,去实现自己未被满足的需求

## 期待身边人能像自己父母一样,和自己心照不宣

父母一开始的时候是很热心地照顾孩子的,但后面因为无暇或无力照顾而让孩子形成了行动型人格,这类型的人驱动信息是"变强大""让他人开心"。因此,行动型的人会精力充沛地四处奔走,竭力给他人带来活力。

与驱动信息相反的是,他们身上的禁止令是"不准相信别人""不准有归属感""不准成大事",因此他们会给人留下反抗、破坏权威的印象,也就是说,他们性格当中具有革新性、颠覆性的东西。为了隐藏自己的恐惧和悲伤,他们会用"愤怒"这一代用感情来掩饰。他们会用煽动性的态度表现出自己对社会和对他人的愤怒。

他们有时候会真话假说或者假话真说。这其实是因为

他们害怕自己对他人的期待落空。行动型的人其实很需要值得信赖且能够理解自己的伙伴。

## 不惧失败、勇往直前的"肉食系"人格

行动型的人和淡漠无趣的人不同,他们会对自己喜好的事物表现出强烈的喜爱。这样的性格特质在他们的着装上也有所体现,他们对服装以及自己的随身物都很有一番讲究,会选择具有视觉冲击力的单品。他们的自我表现欲极其强烈。

近年来,满世界都是"草食系"性格的人。草食系的人,也就是晚熟的人,不喜欢冒险、极其害怕失败的人。行动型是和草食系完全相反的"肉食系"人格,对于自己喜欢的人、感兴趣的事,他们会不惧失败、勇往直前地追求。能够开创新事物、做出革新创造的人大多是行动型的人。

---

本节要点

行动型是精力充沛的、具有攻击性的、
勇于挑战新事物的人格类型

# 04 信念型人格——头脑清晰但疑心颇重

- 头脑清晰
- 喜欢质朴刚健的打扮
- 控制欲强
- 遵守规则
- 性格顽固

## 注重细节的完美主义者

信念型的人重视自己的想法,他们依照内心的想法展开行动。在兴趣爱好以及工作方面,他们会关注到那些其他人不会注意的细节,具有匠人气质。

他们对待任何事情都抱有清晰明确的想法,而且极其细心。他们做事时会优先遵从自己的内心想法,且不喜欢冒险。他们喜欢平心静气地完成自己的分内之事。这类人专注力优越,在公司里能够零失误地完成工作任务,并且得到周遭人的一致好评。他们很可能会变成工作狂。从另一个角度来看,因为他们个性固执且非常谨慎,所以做事欠缺灵活性，也很难接受周围人的建议。所以，相较于率领团队做事，他们其实更喜欢一个人单枪匹马。

## 容易对他人要求过高的信念型

在人际关系中，信念型的人一方面会欣喜于他人对自己想法和提案的支持与肯定，另一方面又很讨厌来自他人的批评与指责。他们是完美主义者，十分敏感多疑，与人接触的时候，会警惕对方是不是在欺骗自己。此外，他们非常害怕被他人伤害，所以忌惮与他人积极互动，在人际交往中经常是比较被动的，需要花很长的时间才能和别人成为好朋友。

信念型的人可以和赞同自己想法的人协力共事，他们为了达成自己的计划也能够和相关的人很好地协调合作，但是因为他们通常对他人的要求很高，如果对方不能达到他们的要求，他们就会表现出不满和批评。

结果就是，他们常常会被身边人敬而远之。

## 总是疑神疑鬼，喜欢操控他人

父母养育态度上的反复无常，使信念型的人对可能发生的不测忧心忡忡，因此他们对待任何事都很谨慎。也因为性格疑神疑鬼，所以会去控制身边的人，要是无法控制对方，信念型就会对对方表现出攻击性。因为他们坚信只有对方是可控的，才不会发生麻烦。

信念太强，所以有时合作性欠佳

他们对自己的世界观有着毫不动摇的坚信，有时会无法和他人亲近

信念型的人从父母那里得到的驱动信息是"必须完美"。哪怕是再微小的事，也必须毫不含糊地做好，行事必须完美且谨慎，这样的信念深植于他们的内心。

他们的禁止令是"不准亲密""不准享乐""不准畏怯和悲伤"。这让他们看上去似乎全然不喜欢和他人打成一片，换个角度来说，他们害怕与他人共欢乐，害怕和他人一起做事。因此他们选择不像他人那样舒畅地享受人生。并且为了不把自己的恐惧表现出来，会向他人展露愤怒的情绪。

因此，他们有时候会故意吹毛求疵，对自己过度苛责。有时候还会对他人表现出"不是都说过了吗，怎么又这样""看看，又被我逮着了吧"之类的不悦的态度。

信念型的人个性顽固，刚直一根筋，不善变通，要是把握不好分寸，就会被别人当作讨厌的顽固分子。其实，正因为他们侠肝义胆，情深义重，才能做不到轻易改变自己的想法。

## 向他人剖白自己的想法

信念型的人尽管头脑清晰、心思缜密，却时常会思考过多、行动太少，缺点就是执行力差。再加上非常细心的性格，他们很少体验到失败，所以很难突破逆境，这也是他们的一大缺点。如果身边有能支援他们的伙伴，他们的状态就会好转，但如果没有这样的朋友，他们就会把自己封闭在壳里，可能会让别人觉得他们的性格很阴郁。

他们着装打扮和发型上的特点，往好了说就是中规中矩，往不好了说就是没有个性。因为他们不希望自己的外表很引人注目，不过这样的打扮也会给人以质朴刚健的可信赖感。

---

**本节要点**

任何事都必须做到完美，尤其喜欢做事按部就班

## 05 反应型人格——欢快活泼、生气勃勃的顽固派

- 喜欢开玩笑
- 热衷于研究
- 自我中心
- 喜欢有独创性的衣服
- 爱挖苦人
- 无视他人的评价

### 思考问题胆大心细的反应型人格

做事快乐至上的反应型人格,可以称得上是十足的快乐主义者。总是嘻嘻哈哈爱开玩笑,像小孩子一样精力旺盛。埋头于自己喜欢的事物时,尤其龙精虎猛。

不过,他们并不擅长做决定,即使做了决定也会难以付诸行动。他们甚至在采取行动之后仍会踌躇纠结,有着极其谨慎的性格特质。

他们擅长细致地观察、头脑清醒地把握状况,可以敏锐迅速地发现问题所在并指出来,具有批评家的特质,在团队中是不可或缺的存在。

此外，他们对待任何事都十分黑白分明，虽然他们在社交中并不主动，但有时他们也会表现出具有攻击性的言行。

## 不是主动社交型，但有些自我中心

反应型的人在团体活动中如鱼得水。但他们不是团队活动的发起者，而是倾向于充当响应者。

不过，他们在处事时自我意识旺盛，一旦遇到做事不合自己心意的人，就会耍性子闹情绪。有时甚至会激烈地指责对方。

此外，他们非常讨厌被人差遣或者管束，容易对这个也不满，对那个也不悦。而且他们非常顽固，被人批评了以后，常常会把"你说的都对，但是我……""话虽如此，但我也有苦衷啊"之类的辩解之词挂在嘴边。

和20世纪上半叶出生的孩子相比，现在的孩子大多是在父母的过度保护下长大的，受到这种养育方式的影响，反应型人格的人变多了。明明是托人办事，但反应型有时却表现得很自我中心，因此在旁人看来他们非常自私任性，还十分孩子气，容易被情绪左右，有一点歇斯底里。反应型有时会给人留下喜怒无常的印象。

对自己感兴趣的事,可以十分专注投入

哇~

在听我说吗?

喂!

兴趣

沉湎于自己钟爱的事,有时会对他人的声音充耳不闻

## 反抗强势的父母,嬉笑游戏人间

当父母过度干涉孩子的时候,孩子如果感到无法理解和接受,就会尝试以斗争的方式来解决问题。如果觉得正面斗不过,就会以迂回的方式进行反抗,这就是反应型的人。

也正因如此,他们经常会陷入纠结之中。他们的驱动信息是"给我努力",为了不输给强势的父母,他们会韧性十足地勉力而为,作为对父母的反抗,他们会通过幽默的方式给他人带来快乐。他们的禁止令是"不准感到苦痛和愤怒",为了掩盖自己的愤怒,他们会表现出内心强烈的混乱和纠结。故作蠢钝的态度和强词狡辩的姿态都是他们惯常的心理游戏。

正是基于这样的心理背景，他们虽然很少勃然大怒，却经常会感到焦躁不安、烦恼苦闷。反应型的人，他们的父母大多是具有个性且自我意识旺盛的人。

## 人际交往欠缺调和性

越是自己感兴趣的事情，他们就会越热爱和执迷，并且还会将其强加给他人。如前所述，他们待人待物黑白分明，有时也会因此被人孤立。妥协在人际交往中是不可避免的，但反应型的人却做不到，他们或者表现出强烈的偏爱，或者全然无动于衷，让周围的人非常头疼。

此外，反应型喜欢红黄蓝之类色彩饱满、能给人留下深刻印象的服装。他们有时会表现出让人匪夷所思的执着，常会被认为个性过强，结果招致孤立。但是，也有人会认为他们富有个性、博学多才、幽默诙谐。

---

**本节要点**

追逐乐趣的快乐主义者，同时也是顽固的自我中心主义者

## 06 思考型人格——纯良正直，过分勤勉

- 完美主义者
- 具有批判意识
- 克己自律
- 打扮得中规中矩
- 做事合理有逻辑
- 喜欢辩解
- 不会享乐

### 服从上司的优秀人才

思考型的人有着强烈的责任感和对目标的执着。他们做事有逻辑性，会把决定好的事放在最优先的地位，并且一定会完成。在伟人当中，号称天才军师而闻名天下的黑田官兵卫[1]是此型人格的范例。他们在公司或者团队中，能够很好地服从上司的领导。他们希望自己成为合格的上班族，会为了获得他人的好评而努力。

他们的缺点则在于待人待物过于认真，有时会显得喜

---

[1] 指黑田孝高（1546—1604），日本战国时代武将。——编者注

欢争辩。此外，对待能力差、水平低的人，他们会马上不留情面地批评。要是有要做的事没去做，他们就会变得坐立难安，容易被强迫观念挟持，总是处于精神紧张的状态。

遭遇麻烦或挫折的时候，他们往往不会通过行动去解决，而是选择胡思乱想、怨天尤人。

## 总是很拘谨，不擅长和个性随意的人打交道

他们总是在清晰明确地思考之后采取行动，在团队中是十分可贵的一分子。他们做事合理有逻辑，共事时会让下属或同事感到很顺畅妥帖。不过，他们总是确信自己是对的，常常会抵触批评的声音。基本而言，他们喜欢独处，希望有人能够赞同自己，并能按照自己的想法做事。

他们趋向于追求完美，对人对己都很严格。

在交流中，因为太想把自己的想法细致完整地传达给对方，他们很容易短话长说，一个劲儿地补充和完善。这样的做法，有时会让对方不胜其烦，有时又会被认为是礼貌且贴心的。

## 思考型——被灌输了"做不到就不行"的执念

思考型的人，一生都执着于达成人生核心价值这一目标。他们的父母在他们的孩提时代，就会经常严格地教导

| 第1步 | 第2步 | **第3步** | 第4步 | 第5步 |

他们要遵守社会规范,把"要考满分""要拿第一""要有礼貌""要守规矩"挂在嘴边。

> **人生最重要的事就是达成自己的目标**

非常喜欢有计划地完成既定的目标

他们从父母那里接收到的驱动信息是"你要完美"。因此他们的时间大多耗在了追求完美和不犯错误上。同时,因为他们的禁止令是"不要放松""不要享乐",所以他们总是一丝不苟,做不到和他人肆意享乐。

他们会表现出愤怒的情绪来压抑自己内心的悲伤。如果无法用发火来纾解的话,他们常常会表现得抑郁。"我得再抓紧点""明明已经这么努力了怎么还不行"是他们常见的内心潜台词。思考型的人为了回应父母的高期待,总是活在焦虑中,想要让自己做到完美。

实际上,人是很难做到完美的。就算能做到比别人卓越或优秀,也不可能做到完美无缺,所以思考型的人很痛苦。为了追求完美，他们会从事有价值、有意义的工作，但是努力过头的话，无论对他自己还是对别人而言，都是一种折磨。

## 过于追求完美，精神会崩溃

事实上，思考型的人过于追求完美，所以容易钻牛角尖，很多人因此而心理不够健康。最糟糕的情况下，他们甚至会想要切断和社会的关联，离群索居。

此外，在事情不顺遂的时候，他们容易感到愤怒、不满、担忧，或者产生罪恶感。他们对人对事都无法做到轻松随性，有时会在巨大的压力下崩溃。他们不会放松自己，心灵没有休憩的时候。

他们对随身衣物也很有自己的想法，不仅会贴合时间、地点、场合去选取服装，还十分重视服装的功能性。相比是否好看，他们更关心衣服穿着方不方便、耐不耐穿。

---

**本节要点**

一本正经的代名词，不懂得如何放轻松

# 07 感情型人格——精力充沛但容易自我陶醉

- 为他人奉献
- 爱多管闲事
- 喜欢穿舒服的衣服
- 喜欢能让自己心情愉悦的东西
- 逻辑性差
- 容易误会

## 感情型人格的人生意义——给他人带去欢乐胜过取悦自己

感情型的人热情似火，身边有他必定会有欢乐。他们和别人在一起的时候总是兴致很高，有时看起来有些孩子气。他们的人生宗旨是让别人快乐比让自己快乐更重要。

彪炳史册的伟人中，特蕾莎修女之类的人就是感情型人格的代表，他们擅长表达自己的体贴和同情心，能闯入别人的心怀，构筑亲密的联结。此外，他们具有充沛的服务精神，感情型最适合从事与人打交道的职业，能胜任推销员和商店店员等工作。

不过，他们容易感情用事，如果受到了他人的伤害，他们有时会愤愤不平或大加责骂。此外，他们过于关心他人，有时在别人看来会有些爱瞎操心。

并且，他们还特别喜欢受人瞩目，别人不关注他们的话，他们就会感到不开心。

## 团队的中心人物，气氛烘托大师

感情型十分重视人际关系，擅长社交。他们喜欢主动与他人打交道，非常擅长待人接物。

与别人交谈的时候，他们的声音和语气总是轻松愉悦的，会一边照顾对方的情绪一边聊天。此外，他们还会发自内心地微笑、说话时身体前倾靠近对方，让人能立马就感受到他们的亲昵与友好。因此，他们在他人眼里十分有魅力。并且，他们的情绪起伏变化很明显，在别人看来是心思简单、很容易懂的人。

作为团队中的气氛制造者，他们时常是人群的焦点。他们总是优先考虑他人，因而深受大家的喜爱。

不过，他们极易钻牛角尖，有时会将有悖事实的事情信以为真，并因此遭遇麻烦。

此外，他们十分擅长倾听，会认真聆听他人的倾诉，且事事有回响，句句有回应，这导致他们会在不知不觉间模糊他人和自己的界限，让自己变得身心疲惫。再加上他们总是对他人的情绪过于敏感，有时会为此感受到巨大的压力。

最喜欢的就是让别人开心

具有强烈的利他精神，最能打动他们的事，就是让别人感到快乐

## 感情型人格，看重态度胜过行动

感情型从小就被灌输"你做了什么不重要，你用什么样的态度让别人开心了更重要"的观点，即对他们而言，给他人带来愉悦的心境才是头等大事，**所以他们十分看重自己感受到的他人的态度**。

他们把向他人输出"个性明朗""充满活力""亲切和蔼"之类的利他性情绪，看得极其重要，如果做事只考虑自己的话，就会让他们背负上罪恶感。**他们的驱动信息是"让他人开心"**。如果别人能因为自己感到喜悦，并溢于言表的话，他们也会感到十分欣喜，并且乐在其中。**他们的禁止令是"不要做自己""不准思考"**。所以对自己反倒不太上心，有时也会因此给身边的亲友带来麻烦。他们讨厌思考，不太擅长冷静地分析和观察事物。

为了压抑内心的愤怒，他们会表现出悲伤、不安和混乱。他们人生脚本里的心理游戏模式是，故意表现得愚钝或者具有挑逗性。他们经常说"要先做完这件事，才能做想做的事"或者"再坚持一下就可以了"之类的话，向他人展示自己做事的优先顺位。感情型的人极具奉献精神，有时也会因为忽视自己或做事不过脑子而给自己招来麻烦。

## 感情型人格——不同的情绪状态，会让他判若两人

感情型的人，永远优先关注情绪而非理智。也就是说，他在情绪能够保持稳定不被搅扰的时候和情绪剧烈波动的时候，简直是判若两人。

感情型的人十分具有人格魅力，他们喜欢看起来清爽利落，服装也会选择质地柔软穿着舒适的类型。他们不会穿那些会给别人带来不适感观的衣服，或者强烈凸显个性的衣服。

---

**本节要点**

把取悦他人看得最重，爱瞎操心所以偶尔会受伤

## 专栏 3

### 改变自己和改变他人都不可急于求成

通过认知行为疗法和人格适应模型,我们可以了解自己和他人的性格倾向,从而也会逐渐明白自己有哪些地方需要改进。改变虽然很有必要,但想要改变一个人性格的大致轮廓和自动思维却并非易事。

这些倾向已根深蒂固,所以才被称为性格。尤其是思考型人格这样的完美主义者和行动型那种快刀斩乱麻的个性的人,很容易陷入"做不到完美就索性不做""不想做那些无法在短时间内达成的事"的固有思维中。

因此,无论你是什么类型的人格,都请你用不疾不徐的节奏去改变自己,不要急于求成。性格不是能一朝一夕发生改变的,就算不完美也没关系。我们的初衷也不是要把自己改造成和当下的自己完全不同的人,而是通过了解自己和他人的优势和不足,强化既有的优势,恰到好处地改进存在问题的地方,这样才是更理想的。

一直盯着自己的不足想"尽可能快点做出改变",是

不正确的。如果觉得自己的性格有改进的必要，要先认真审视一下自己可以从何处着手，一小步一小步地做出改变，再从有可行性的地方开始付诸实践。

缓慢前进也没关系，重要的是要时刻提醒自己不可以停下脚步。自己容易放弃的话，让别人来监督也不错。总之，重要的是"坚持努力改变下去"。

# 理解度测试

☐ 通过了解自己和他人思维模式的缺陷,让自己的视角更柔和有弹性。

☐ 想象型的人,喜欢独自一人完成任务。有很强的宅男/宅女倾向。

☐ 行动型的人,喜欢带领身边的人一起做事。喜欢张扬,个性激烈。

☐ 信念型的人,是专注于细节的完美主义者。具有匠人气质,可以胜任领导职责。

☐ 反应型的人,是醉心于钻研的研究者类型。有与众不同的服饰审美,擅长社交。

☐ 思考型的人,是典型的模范优等生,十分厌恶有悖公序良俗的事。穿衣打扮讲究漂亮。

☐ 感情型的人,是极其喜欢和他人共同欢乐的气氛制造者。喜欢舒适的衣物。

欲求

# 第 4 步
# 遇到这种情况怎么办？针对不同适应类型的相处方法

运用"认知重构"进行自我俯瞰，分步骤介绍如何解决不同适应类型的人身上存在的问题。

父

# 01 运用认知重构,逐步改变思考模式

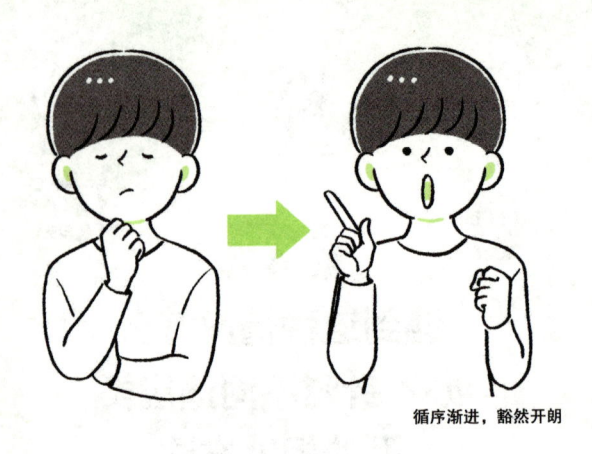

循序渐进,豁然开朗

## 认知重构:4个步骤改变思维模式

接下来我们分析一下解决问题具体要怎么做。在改善人际关系的过程中,进一步看清自己与他人相处时存在怎样的执念。

为此,我们要采用一种简单易行的方法,名叫"认知重构"。通过4个步骤寻找适合自己的对待事物的思考方式和理解方式。

第1个步骤是,了解自己的思考模式,如"(在对待他人或问题的时候)我总是会想……"。通常,我们在和他人交流时,头脑中的想法都是千绪万端的。比如,当我们

第1步　第2步　第3步　**第4步**　第5步

想要拜托别人帮自己做事的时候，"价格是不是定得太低了呢？""他都那么忙了，还要来帮我，真是对不住啊"之类的想法，会三五成群地在我们的头脑里打转，这时候你需要把自己的想法明晰地解读出来。

例如，可以具体地解读为"明明这样才是比较合理的价格，这次的报价难道不会有些便宜吗？"之类的。总之，重要的是要牢牢抓住自己在一瞬间涌现出来的自动思维。

## 追问自己的自动思维

第2个步骤是，沿着自动思维发散思考，想想有没有其他的观点或看法，然后写下来。为了了解自己自动思维的广度和边界，可以做出如下的提问。

- 我是依据什么认为这种自动思维是正确的？
- 为什么这种自动思维有可能不对？
- 相信这种自动思维的优点是什么？
- 相信这种自动思维的弊端是什么？
- 自己是不是经常因为类似的自动思维而感到苦恼？
- 最坏的结果可能是什么样的？
- 什么才是理想的结果？
- 现实中这件事会变成什么样？
- 之前发生类似情况的时候，自己是怎么应对的？
- 这种情况下，其他人可能会怎么做？

——回答上面的问题,细致地分析自己头脑中的各种想法是不是真的正确。

"我的想法是错的"这种自动思维非常值得警惕。因为一种选择本就既有优点也有缺点。

---
**循序渐进地进行自我俯瞰**
---

就像爬楼梯一样,一步一步地了解自己,然后就能做到自我俯瞰了

## 把发现的新视角,转化为新的自动思维

接下来的第3个步骤是,尝试着重新选择不一样的思考方式。如同上一个步骤那样,在自己的头脑中搜寻想法,把可尝试的选择写在上一步的记录的旁边。

如此这般罗列以后,就能够一目了然地看到自己已做的选择和其他可做的选择。

自己倘若做了不同的选择,可能就会变得更舒服和轻松。如果你能意识到这一点，那么意味着你有了一个重大的收获。

不过，接受新的选择，从今往后做出改变，其实并不简单。

如果做了新选择，却变得痛苦了，或者开始强烈地责备自己，就没必要急于改变。我们一小步一小步慢慢来。

第4个步骤是，把自己发现的新视角转化为新的思考模式。

为此，你需要回想一下之前曾写过的那些新选择，每当发生类似情况的时候，就去确认一次这个想法。或者写下来贴在本子上反复查看，在一段时间内重复类似的做法，让这个新的想法转化为新的自动思维。这个转化适应的过程因人而异，短则三个月，长则数年。不疾不徐、踏踏实实地践行这些步骤，才是最紧要的事。

---

**本节要点**

通过4个步骤来客观地进行自我审视

# 02 沟通模式与"接触门"理论

## 沟通模式——帮助我们与他人建立良性的互动关系

如果学会运用认知重构进行自我俯瞰，那么你也就学会了用客观视角去看待他人。所有人都可以通过这个方法养成自我俯瞰的习惯，要是能结合自己的人格类型将理解深化，那你将会进步非凡。

所以说，人格适应模型和沟通分析疗法是行之有效的方法论。

人格适应模型在理解自己的人格类型和与类型迥异的人接触时都可以发挥作用。这种方法论，主要适用于心理咨询师，但是对一般大众也十分有效。

和不同适应类型的人打交道的时候，我们会运用到五种沟通模式，分别是"支配模式""要求模式""养育模式""感情模式"和"中断模式"。

如果善用这五种模式,我们将能够和各种类型的人都相处愉快,并可以扬长避短、优势互补。

## 针对不同的人格适应类型,善用五种不同的沟通模式

支配模式,用于指导或教育对方。带有褒奖意味的指导和教育将会更行之有效。

要求模式,用于拜托或请求对方。一般来说,"能不能帮我做某事?"这样带有商量语气的说法比较好。

养育模式,用于和对方内心的"儿童自我"搭话。交流的时候,要用呵护的态度并且带着同理心。

感情模式,指的是要带着轻松惬意的心情和幽默感,和对方一边消遣放松一边交流。

最后的中断模式和支配模式有一点相似,但要生硬一些,是命令式的,是阻止对方情绪过激时会用到的模式。

基本而言,这些沟通模式需要因时制宜地应用于不同的场景,不同的人格适应类型所适用的沟通模式也是不同的。

想象型的人适合支配模式,行动型的人适合支配模式、养育模式和感情模式,信念型的人适合要求模式,反应型的人适合感情模式,思考型的人适合要求模式,感情型的人则适合养育模式。这些模式都是行之有效的方法,

是开启沟通的钥匙。

**五种沟通模式**

| 支配模式 | 要求模式 | 养育模式 | 感情模式 | 中断模式 |

用不同的模式，应对不同的人格适应类型

## 运用接触门理论，分阶段慢慢建立深入的关系

人们认为，对不同适应类型的人，分步骤运用不同的沟通模式，可以有效帮助我们与其建立起深度关系。

精神科医生保罗·威尔以门作比喻，把和不同适应类型的人之间建立深度关系的方法，命名为"接触门理论"。他认为，人们总是会在行为、感觉和思维里面，择三者之一来与他人和社会打交道，在面对不同适应类型的人时，恰当地对他的某一扇"门"施加作用，就能够顺理成章地深化彼此的关系。

接触门由三个要素构成，入口处的叫作"开放门"。相当于连通他人与社会的入口。

通过开放门,充分与他人建立好关系以后,再向"目标门"前进,把关系深化。

目标门和开放门不同,它是通往问题核心的节点。据说只有一个人的开放门和他的目标门协调一致以后,他才能真正接纳交流的对象,二者之间的关系才能发生变化。

最后才能接触到当事人最不想触碰的自身人格之门——"困境门"。

如果在交流时直接闯入对方的困境门,强行想要推门而入,就会遭到拒绝并引火上身。我们要了解自己和对方都不喜欢触碰的东西,才能推动彼此的交流。

---

**本节要点**

运用接触门理论,连接他人的思维、感觉或行为

# 03 想象型人格——通过深入交流提升个人魅力

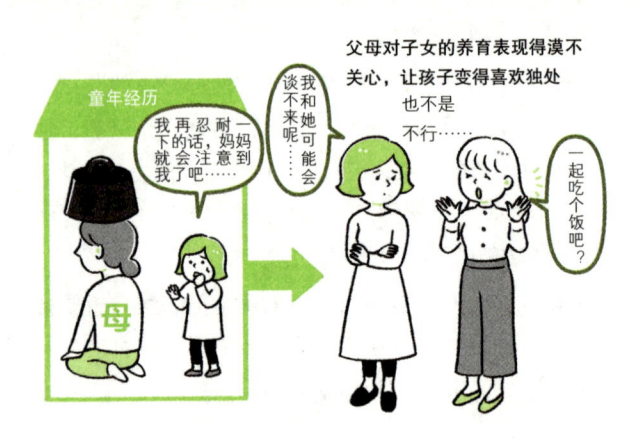

## 想象型的人十分需要平稳踏实的爱

想象型的人内向且喜欢独来独往,这是他们选择放弃对他人的期待后形成的人格特质。

想象型不会把自己的欲念和需求外露,在心中想的是"只要我忍耐一下,父母肯定会来满足我的愿望",从而认为无欲无求的自己是完全没问题的。

想象型人格改进的课题就在于,要重拾信赖感,相信自己和他人之间确实是存在安定平稳的爱的。最重要的是让他们知道自己不仅仅可以空想,还可以享受与他人之间的交流,也可以主动表达自己的需求。

为了明白这些道理,对想象型的人或与其进行沟通的人来说需要按照流程一步一步去做。

此处要运用的就是前面一节提到的"接触门"理论。

想象型人格的开放门是行为。也就是说，一开始的时候要用支配模式来推动想象型的行为。想象型倾向于自我封闭，等待他人先做出行动，所以他人要主动邀请他们去做感兴趣的事。最重要的是先从容易封闭的状态中脱离。

他们不喜欢和很多人一起交流，不过一对一的单独交流在某些时候他们并不抗拒。因此，在这一阶段里，也可以让他们尝试着主动去邀约别人。

## 思考需要什么，然后付诸行动满足需求

接下来的目标门是思维。把想象型成功带出"封锁圈"以后，接下来就要想想看，对他们而言什么是真正必要的，他们有怎样的需求。

此时，有必要鼓励和支持他们，让他们传达出自己的期待。然后需要推动他们把心中的想法付诸行动。

想象型的人有必要先意识到自己有什么样的需求，进而明白自己也是期待别人回应自己的需求的，并且尝试着采取具体的行动来满足自己的需求。

在理性地领会了上面的道理之后，想象型的需求将会得到满足；想象型还可以在现实世界中反复操练"意识自身需求——期待他人回应——采取具体行动——需求获得满足"这一过程；也可以反复回味别人帮自己满足需求的

经历。这样一来,想象型就会朝着解决自身问题的方向前进一大步。

"我的想法是不会被别人接受的"这一不安的念头,在想象型的心中根深蒂固,因此对他们的想法表示出充分的理解和接纳,具有十分重要的意义。

推动他们的行为,打开沟通之门

自己的世界

我只要待在这里就会是安全的。

咚咚 咚咚

快出来看看,外面很好玩哦!

真正理解想象型的人,会帮助他们走出自我封闭的壳

## 满足了需求的想象型,感受会发生变化

思维和行为协调统一以后,想象型人格最后的困境门——"情绪"将会随之发生改变。

他们不再因为不安而自我封闭,而是能够表达出自己的需求了。自己的想法可以不让他人为难,并得到他人的接纳——通过这样的体验,他们的变化将会持续下去。

推动变化发生的,既可以是上司、下属,也可以是同事或者朋友,如果自我封闭的状态比较严峻,就有必要进行心理咨询。或者，如果当事人认为职场或者学校不能理解和支持自己，那或许有必要寻找其他适合的环境来尝试改变。

社团活动和线下见面会之类的社交场合就很适合，未必需要很大的场地。重要的是可以从一个小的场域开始，一小步一小步地改变下去。

此外，做到了让他人理解自己、协助自己以后，想象型也会变得能够理解他人。

## 直接让想象型触及自身的情绪并不可取

我们必须要警惕的做法是，一上来就让想象型的人感知他自身的情绪。

困境门一定是在最后的最后才能触及的。如果不严格按照流程去做，他们就会因感到不知所措而踌躇不前，还会因为自己无法和他人形成很好的互动而自责，从而走向更深的封闭。

总之就是，我们不可以急于求成，一小步一小步地沟通和推进很重要。先用他们感兴趣的方式把他们带出封闭圈，再一对一沟通，表现出对他们的理解与接纳，最终合力解决问题。

假设在职场或者学校这样的环境中，要如何与想象型的人打交道呢？因为他们喜欢独自做事，所以委派一项一个人能单独完成的任务给他们，将会是十分恰当的做法。

因为他们不擅长和别人打交道，营销活动或者会议之类人多的场合，会很容易让他们感到压力。

> 付诸行动以后，引导他们意识到自己的内心感受

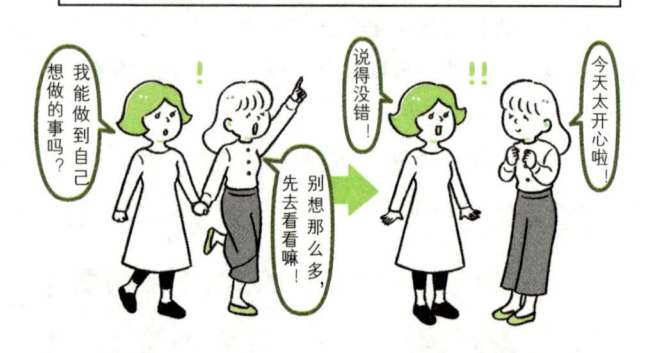

通过行为，动摇其固有的感知

## 获得他人的理解与接纳，逐渐学会与他人协作

对想象型的人来说，自己在集体中的存在方式是他们的人生课题之一，同时也是巨大的精神压力来源，因此认可他们独立完成任务的卓越能力，对他们而言是非常重要的。

在获得积极评价、被他人理解与接纳之后，他们会渐渐克服心中对集体的逃避倾向。如果身边有值得他们信赖的支持者，他们可以和很多人协同做事。

体验到"自己的想法是可以实现的"以后，通过思考，不安等消极情绪会得到缓解。

每个人都有属于自己的人格适应类型，切记不要把性

格中消极的一面当成坏事来看。

有的人如果没有他人的配合就无法完成任务。相较于这种不依赖他人就做不成事的情况，独自一人搞定全部任务这种能力本身就值得被高度评价。

置身于能够接纳自己的存在方式以及需求的环境之中，是想象型解决内心深处问题的起点。

让他们放弃独处，不如劝他们接纳自己在集体中的存在状态，或许这才是恰当的想法。最好不过的就是，在集体行动中容许想象型沉浸在他自己的世界里。因此，对想象型来说除了性格上的自我理解，让他人也能理解自己，是非常重要的事情之一。

---

**本节要点**

想象型人格在体会到与他人交流的愉悦以后，
会自然而然发生变化

# 04 行动型人格——通过治愈童年的伤痛,体悟到合作的重要性

## 旺盛的反抗精神,来自行动型人格未被满足的需求

因为自己的愿望没有得到父母的满足,行动型会感到自己被抛弃了,为了不让自己受伤,他们学会了把自己放在比他人更优先的地位。他们在内心深处暗自定下恪守的信条,决定不再依靠任何人,要击败竞争者,并要让人们看到自己的胜利。

为了靠自己满足未被实现的愿望,他们需要用行动力和胜负欲来转移自己的关注点。他们不服输的劲头,也出自他们不想依赖他人,而想凭借自己的力量活下去的强烈信念。

行动型的人需要做的是，承认自己曾经遭受的伤害，治愈曾被抛弃的伤痛。

他们意识到有人真的关爱自己以后，就会用坦诚的方式与他人交流，并建立亲密的关系，内心的焦灼也会舒缓下来。

执着于"我不能输""我必须战斗"的想法持续和他人对抗，是非常让人疲惫的。行动型的人虽然有着迸发性的巨大激情，但是人们有时候会把他们看作麻烦的制造者。

家人、同事以及理解接纳他们的好友的存在，有助于行动型调节自己的思考模式。

## 既主动外向，又被动内向

行动型人格的开放门是行为。然而，他们和其他适应类型的人格不同，有一点特别。他们时而主动外向擅长社交，时而被动内向自我封闭。他们的性格杂糅了内敛和外放两方面特质。

他们主动外向的时候具有攻击性，且不甘人后，因此和他们的沟通模式是，先调动感情模式，用幽默的方式互动。

行动型的人积极活跃，做事时对主观感觉的依赖远超对理性思考的依赖。他们会对富有感染力的幽默态度做出积极的回应。

相反，当他们被动内向的时候，要运用支配模式，以引导的方式来与他们沟通。因为被动状态中的行动型，本来就对能满足自己期待的父母一样的对象抱有好感。他人直言不讳的劝诫,并不会让行动型的人感到反感。

> **先发制人引导,让他们卸除"逆鳞"**

**先发制人会让行动型变得率直**

因为他们的开放门是行为,所以推动他们去做该做的事,或者和他一起做些什么事,或许是不错的举措。

## 率先传达出你的理解和看法,是行之有效的

行动型的人希望别人能理解自己尚未言表的想法。原因在于前面章节里曾经提及的,他们在幼儿期经历过超前满足式抚育,那种满足感是他们长大后仍记忆犹新的。

当他们知道在自己吐露想法之前对方就能够理解自己,就会觉得对方是理性客观的人,从而放弃想要压制对方的想法,变得好相处。

他们的目标门是情绪。我们可以用养育模式和他们进

行心灵对话，就像对小朋友说话那样柔和且诚恳。

当他们抵触的情绪发生动摇，感觉自己得到了他人的理解和共情，他们的情绪就会和行为协调统一起来，敞开困境门，启动思维。

心中有了安全感，他们就会开始用不同的视角来思考问题，不再因为急于求成而和他人争斗。

他们满怀激情地竞争比拼、精力充沛的一面，可以很好地制造氛围、活跃气氛，这是其性格中的积极一面。但是，他们有时候会和他人过度竞争，让周围的人疲于应对。

**不可以直接去推动行动型的思维**

自己的世界

别人是不会回应我的期待的！

如果直接去刺激行动型的思维，他们会变得具有攻击性

这个也不行！那个也不行！

不行

不行

这人也太让人受不了吧……

## 不要直接刺激行动型的困境门——思维

必须要注意的是，如果你一上来就直接批判行动型的思维，也就是他们的困境门，会激发他们的反抗心理，从而使他们想要一举击败你。

在行动型势不可挡的激烈性格面前,双方费了好大功夫才搭建起来的良好关系,也会瞬间土崩瓦解、消散不复,或者要从零开始。

因此,和他们打交道最重要的是要先用幽默的互动行为建立联系,再去触及他们的情绪。行动型的胜负欲旺盛,有时还嗜好与人论辩,所以一不小心就会从论辩演变成双方的同台比拼。但是,这样只会让他们的怒火越烧越旺,在对抗状态下双方是很难解决问题、构筑良好关系的。

即使是论辩,也要晓之以理、动之以情,表现出对行动型的肯定与接纳。

如此一来,他们的心弦才会为之所动,剑拔弩张的态度也会缓和下来,萌生出对他人的包容。

行动型的人脾性难以捉摸,有时主动,有时被动,在他们思维的深处熊熊燃烧着自强、倔强之火——"父母没能满足的愿望,我要争口气自己来实现!"

## 活力四射的行动型,也很容易变得具有批判性

想要和行动型的人构建良好关系,就必须要在他们的心火延烧四野之前帮他们灭火。

行动型的人非常擅长鼓动和拉拢身边的人,在职场和学校里,他们都是精力充沛、十分活跃的领袖或者焦点人物,但是他们也有感情用事、徒然内耗的时候。

即便面对权威,他们也敢于反驳和批评,所以他们有可能会批判公司里的管理层或领导。

此类型的人有着非常高效的业务能力,不过当他们意气用事的时候就会撂挑子不干。在人际关系上,他们比其他类型的人更容易遇到问题,但是多接触以后旁人会发现他们并非不通情理。

如果有人能够认可行动型人格的如火热情,进而教导他们要沉下心来用长远目光看待人和事,他们将会慢慢地发生变化,取得进步。此外,行动型最好能知道,像思考型和想象型这种重视思考、理性冷静的人是他们必不可少的良友。

---

**本节要点**

明白了对抗并非必须以后,行动型会变得好相处

# 05 信念型人格——他人的保护让他们放下心中疑惧

**童年经历**

> 对不起
> 害怕
> 我不明白这是为什么……
> 害怕

父母反复无常的抚育方式，让他们变得疑虑重重

> 怎么办，怎么办，我怕我不行啊。
> 我不知道
> 这个你来做没问题吧？

## 信念型的人需要的是安稳且坚定不移的爱

因为父母对他们的抚育缺乏稳定的一贯性，他们对任何事都疑心重重、小心谨慎。为了化解自己心中的不安，他们会想去控制身边的人，并且喜欢鸡蛋里挑骨头。他们偏执地认为唯有控制他人才能确保自己的安全，也为了守护这份安全，他们锻炼出了秋毫必察的清晰头脑。

他们心思细腻，从不冲动，给人以十分坚忍的印象。对他们而言，安稳坚定的爱是必不可少的。能给予他们不偏不倚的坚定友情的朋友会让他们感到安心。信念型的人条条框框很多且倾向于保守行事，因为教条和保守同时也意味着安稳与不动摇。

多数思想保守的人具有信念型人格的倾向。正因为未曾拥有过安稳且坚定不移的事物，才会渴求安稳与坚定，可以说这就是人性。

对信念型的人而言，"绝对的安全感"是他们生活下去的不可或缺之物。

## 信念型的人喜欢思考，思维是他们的开放门

信念型的开放门是思维。他们经常思索忖量，把追求正确当作第一要务。

因此，如果我们用要求模式去推动他们的思维，他们就会条理分明、不惜气力地来和我们商议事情的对策。

信念型的人非常乐于被他人认可为头脑清晰聪明。在推动他们思考的过程中，要让他们去分析自己这种过于谨小慎微的思考方式究竟是否正确。不过，不要让他们去做非对即错的二元式判断，而是要让他们去分析有多少是对的，又有多少是错的，运用这种辩证的视角。

信念型的人总是头脑清晰、冷静理性地去做判断。在他人的建议之下，当他们意识到自己疑虑颇深的思考方式也有错的时候，他们将会表现出情绪上的变化。

接下来，我们再利用情绪去推动他们的目标门。用养育模式采取小心呵护的互动方式，会让他们获得安全感，

从而协调统一他们的思维和情绪，这样才能让他们放下疑虑，展开行动。

不过，因为他们本就疑虑颇深，如果一开始就采取养育模式来沟通的话，他们会关闭心门，又变得疑神疑鬼，并开始查看各处到底对不对。因此，我们必须要在他们已经确定无疑地开始内省，并且情绪上发生了改变以后，再去触碰他们的目标门——行为。

通过思考，放下疑虑

推动思考会使沟通变得更加顺利

自己的世界
我谁都不会相信
生气 生气
你说或许没错哎……
你好好想想看，是不是没那回事？

## 心扉轻易不开，一旦敞开却也不再动摇

一般来说，一个人的困境门是最难开启的，不过对信念型而言，情绪上的改变更难发生。

他们有着平日里就谨慎多心的性格，不仅会去分辨审视新接触的事物，也会经常用审视的目光观察自己身边惯常发生的事。

必须要有强大的说服力，才能让他们重新认可此前并不认可的事物。

归根到底，他们最需要的就是不掺杂质的安全感。因为他们和其他的人格类型相比更加疑虑深重，所以要不吝时间慢慢构筑坚定不移的信赖关系。

触及他们的目标门，也就是行为，必然会耗费一定的时间，不过一旦获得了坚定不移的信赖，信念型的意志也是十分刚毅坚决的。如同他们自己对安稳的执着追求一般，信念型的人也会和你建立起稳定持久的关系。

## 不要急于推动信念型的行为

切不可以对信念型做的事就是，急切地推动他们的目标门，也就是行为。信念型的人做事不急不躁、不慌不忙，他们信奉"走平路防摔跤，顺水船防暗礁"，和他们沟通绝不可以急于求成。

他们做什么事都要充分做准备和计划，催促他们会惹怒他们，导致他们去攻击那些让自己感到不适的人或事。

反过来，他们有时候也会过度责怪自己。因为他们非常顽固，信念坚定，一旦曾经的信念被冲击瓦解，想要重塑信念并不容易。换言之，他们的信念不容易被摧毁，如果被摧毁了就很难再复原。

我们必须要慎重地推进沟通，让他们踏踏实实、循序渐进地思考，理解深入了以后，再付诸行动。

有时，有的心理咨询师会用"不准思考！看好了记下来！"这样的方法论来指导信念型的人，但如果不能理解这方法背后的深意，信念型其实是不会接受的。

> **情绪的门一旦敞开，就能够安心地采取行动**

（可以相信她的话吗？／慌慌／不安／那我们来理智地分析一下吧／笑呵呵／这么说的话，我就可以相信了。／没错）

推动他们去思考，使他们安心

## 构筑安稳的信赖关系是可为之举

信念型所需要的稳定牢固的情谊，不是非得来自恋人或知交。有时上司或者兴趣相投的一般朋友也可以给予他们稳定的情谊。

如果在职场上没有信得过的人，信念型的人也可以在兴趣班里、体育活动中或者培训学校里发掘新的人际关系。因为缺乏稳定的爱而堆积起来的压力，有时会让信念型无事生非，通过操控下属或他人来调整自己。被操控的一方，会因为受到了不可理喻的对待，对信念型的人感到失望。

如此便会陷入恶性循环，信念型清晰明了、注重细节的能力也会变得一文不值。一个人的能力即使再有价值，如果他性格中的负面因素过强，人们也难以看到其身上有魅力的地方。

无论是我们自己还是交际中的对象，只要我们能准确把握不同人格适应类型性格中的消极一面与积极一面，我们就能和任何类型的人和睦相处。

尤其是信念型的人，他们十分顽固，一旦按下负性思维的加速键，鲁莽专断就会更甚于平日，心中不可动摇的意志会越发坚固，批评性的想法也会变得猛烈。他们执着于自己内心的信念，也是因为他们对恒久不变的事物有着强烈的渴望。

对信念型而言，稳定、可信赖的关系是不可或缺的。

### 本节要点

一旦获得绝对的安全感，信念型就会放下心中的疑虑

## 06 反应型人格——领悟了对抗本无必要，才懂得如何与人协作

父母的过度管束，让他们视对抗为必然

### 反应型人格是幽默风趣的，但也是坚韧不拔且自我中心的

因为从小受到父母的过度管束，长大后想要依从自己的内心意愿生活的反应型容易变得自我中心。幽默也是他们避免和他人发生冲突的一种手段。

反应型的人经常要和父母斗智斗勇，让他们明白放弃对抗、相互协作的重要性，是一件十分必要的事情。

他们虽然平时看上去嘻嘻哈哈的，但实际上心里有着强韧的世界观。反应型的人善于交际，并且像孩子一样喜欢与人亲近、带给人欢乐，对他们而言，最讨厌的就是被人控制、受人管束的不自在的环境。

在可以随心所欲、轻松自在的环境里，他们能够充分发挥自身的能力。

在理想的情境之下，他们能够耐力十足地做事，发挥卓尔不群的想象力来完成任务。

反应型的人容易被贴上"怪人"的标签，但他们其实也有忠诚、耿直的一面。他们天真烂漫、幽默有趣，同时也有着洞察事物本质的能力。

## 用轻松愉悦的方式推动他们，反应型将不会做出被动性攻击

反应型人格的开放门是行为。他们是被动性攻击的性格类型，如果他们感到厌烦，就会采取无视对方、偷懒懈怠的方式来进行间接性的攻击。反应型人格所做的这种被动性攻击行为，有时是故意的，有时是下意识做出的。

"我生气了，所以我什么也不说""我很恼火，所以我撂挑子不干了"——他们用这样的态度来表达自己的愤怒。他们很少直接发起正面攻击，而是用上述那些不友好的应对方式，来表达内心的厌恶。

如果用支配模式和反应型的人沟通，他们很可能做出被动性攻击的行为。因此，下命令、提要求之类的沟通态度都是不可行的。如果用感情模式，轻松愉快地和反应型的人交流，他们将会和我们融洽相处，不会做出被动性的攻击行为。

他们禁不住感情攻势，饱含愉悦、开心、感人、悲伤等感情的交谈，会深深触动他们的心弦。虽然他们平时看上去嘻嘻哈哈的，但是实际上非常重感情，这也是反应型人格的独特之处。

如此这般愉快地推动了他们的行为以后，感情的门扉就会渐渐打开了。

**触动行为，打开心扉**

## 非常容易被打动的反应型人格

接下来的目标门是情绪。反应型的人被打动以后会变得十分感性，从而逐渐打开心扉。运用养育模式和他们沟通，接纳他们，允许他们做自己，会让他们看清那个曾受困于对抗意识的自己，以及曾经受伤的自己。

通过打开感情的门扉，审视自己的内心，可以让他们注意到自身那些曾被忽视了的性格中的消极部分。因为反应型的人精力充沛又有些憨气，所以不仅身边的人，甚至有时候他们自己都不会察觉到自身的消极倾向。

借此机会，还十分有必要让他们知道，其实他们的内心深处隐藏着旧日的伤痕和累积的压力。

自己曾被过度管束、曾被迫处于不得不与他人对抗的情境中，当反应型的人意识到这些以后，他们就会重新察觉到，是他们自己主动选择了和他人剑拔弩张，并将自己置身于不自在的境地之中的。

反应型的人对自身的事情往往比较钝感，因此让他们了解自己过去与现在的真实状况是非常有意义的。

## 一旦开始思考，就会显示出明晰而深刻的洞察力

最后他们的困境门是思维。敞开了曾经紧闭的感情之门以后，反应型的人就能够开始审视自己之前未曾意识到的性格侧面。

当他们知道了自己内心的纠结以及自己下意识在与他人对抗的事实以后，就会停止不必要的执拗。

反应型的人善于社交，且喜欢与他人分享欢乐，不过其实他们也有着自我省察的理性一面。所以，让他们脱离单打独斗状态，明白协作的美妙之处，是十分必要的。

实事求是地认识自己和实事求是地认识他人，其实是同一回事。只有认清自己，人们才能够认识到自己的态度

和做事方式原来是自我本位的。

这样，他们就不会再要求别人都和自己看齐，不会瞧不起比自己能力低的人。就会明白自己和别人并不相同，每个人都有各自的价值和能力。

**感情被打动以后，他们会开始思考**

被打动的他们，开始用清晰的头脑思考问题

## 猝然推动思考会让他们发起被动性攻击，闭锁心门

一定不可以对反应型做的事，就是一上来就去推动他们思考。顽固并且自我中心的反应型，如果遭到了他人对自己思维的唐突"造访"，会感到愤怒，然后把自己闭锁在倔强执拗的壳里。

这会导致他们不接受他人的意见，固执地认为自己的想法都是对的。

与他们幽默风趣、活力四射的一面形成对照的是，旦闭锁心门，他们就很难再用心聆听和接受他人。如果不能改变这样的状况，沟通也就完全被阻断了。

反应型的人喜欢被他人触及行为和感情。尤其热衷于开心的事和风趣幽默的交流互动。简简单单地玩乐、聊天就能够和他们构建起深入的关系。

反应型的人十分具有独创精神，一旦萌生兴趣就会以超乎常人的热情投入其中。他们会深入地探究下去，展现出出人意料的能力。

其实，他们顽固且自我中心的一面，也正是他们高度专注力和探究力的体现。

乍一看是一个喜欢开玩笑、脾性古怪的人，实际上却有着忠诚勤勉的一面。对深感兴趣的东西，他们会表现出高度的专注，比任何人都了解得更深入。想要激发他们的高度专注力和思考力，必须要用快乐有趣的事作引子，从这点来看，也难怪有人说他们性格乖僻了。

反应型人格的特点就在于，他们虽然绝不是率真的性格，但越是了解就越会发现他们的有趣之处。

---

**本节要点**

在不被束缚的环境中，反应型的人会不再顽固

## 07 思考型人格——了解自身魅力，放松紧绷的弦

### 思考型人格——从小到大被灌输"达成目标最重要"

因为从小就被父母要求做事一定要达成目标才行，所以思考型的人做任何事情，都一定要依照计划按部就班、毫厘不差地执行。

他们总是紧绷着一根弦，不懂得放松。在工作中，这样的性格是非常完美的，但是身边的人偶尔也会厌烦思考型人格的神经质。

对思考型的人而言，明白偶尔卸下肩头重担，放松下来享受生活的重要性，乃是十分必要的。

虽然完美地完成一项工作是非常要紧的，但是短暂的

放松会使人萌发想象力、收获客观的视角。为了让僵化的思维变得灵活，自由地孕育出新想法，思考型的人非常有必要学着轻松地乐享人生。

为了在任何时候都不出错，思考型的人总是在冷静清晰地思考过后再去行动，因此他们能够得到很多人的信赖。他们会毫不懈怠地工作，直到完成任务，因此会得到身边人的尊敬，从而成为团队的核心人物。

想要让思考型的人卸下紧张感，学会放松下来享受生活，我们要在一开始的时候就去触动他们的思维。

## 思考型人格——喜欢思考胜过一切，深化理解方可更上一层楼

思考型的开放门是思维。恰当地运用要求模式去推动他们思考，可以让他们认真深入地思考，努力推导出确切的答案。

因为他们喜欢思考，所以能够纵观全局，投身于深度思考之中。如果我们和他们的思维产生了共鸣，他们就会把思考推进到更深入的层次，打破砂锅问到底。

逐步深入思考也是他们的专长。他们擅长不懈探究事物的本质，追寻完美的答案。

但是，如果交流的对象跟不上他们的思考，无法和他们的思维同频共振的话，他们就会感到失望。他们的想法没能得到正确的理解或是没能得到深入思考，会让他们流

露出愤怒之情。

如此一来,他们就会因为没得到自己想要的答案而表现出莫大的愤慨。他们内心的紧张感也会愈加强烈,从而闭锁心门。

如果对他们的分析很恰当到位,让他们可以确信交流中的对方能理解自己,沟通就会朝着更深的层次延续下去。

**从思维延伸到感情,逐步打开心门**

自己的世界 / 纠结不安 / 或许我的想法是错的。 / 我真的可以说吗? / 但是 / 推动他们的思维,会打动他们的情感 / 让我来听听你的想法吧!

## 思考型人格——若思考能透彻深入,情绪就会渐次展露

他们的目标门是情绪。如果思考臻于完善,思考型的人就会变得感性。他们的喜悦和快乐也会溢于言表。

先"攻克"他们的思维,再运用养育模式靠近他们的情感。可以用劝导的方式告诉他们还有哪些可行的思路,怎样才能解决问题。

打开心门以后，他们会吐露自己的心声，并会因为获得了理解而变得松弛。他们"不能按计划完美地达成目标就会招致严重问题"的想法也会发生改变，使他们开始对身边的人变得宽容。

完美主义看似理想，实则也意味着反人性、拒人千里。和思考型秉持不同观念的人，很容易对他们产生抗拒心理，思考型的人强行施加给他们的必须完美的要求，也会带来巨大的压力。

区分看待自己对完美的追求和别人的不完美，这对思考型而言是门必修课。

## 用理论武装头脑的思考型，心防很难被攻破

只有自己内心认可和理解的事，思考型的人才会最终将之付诸行动。

容许别人做别人，同时明白达成目标并不是自己生活的全部，他们才会从内心深处感到轻松。

这样，即便计划中的事未能如愿顺遂，他们也能原谅自己。

"我做的就是对的，别人也必须和我一样。"很多人都会陷入这样的自以为是中。要破除这样的成见，需要一步一步来。

尤其是思考型的人，更容易筑起坚固的思维壁垒，想

要攻破他们的成见堡垒实非易事。我们要循序渐进地瓦解他们的堡垒，不急不躁地持续沟通，这样他们内心深处紧闭的感情之门才会逐渐敞开。

**感情启动了，他们就会做出行动**

心门被打开了，他们开始松开紧绷的弦

## 不再强求别人完美

一上来就说"你来做这个"，直接去推动思考型行为的做法是要不得的。对自己内心不认可或不理解的事，他们会固执己见、毫不动摇。对于自己逻辑上无法理解的事情，以及没有计划性的事物，他们都很难感兴趣。

对他们唐突地指手画脚，说"你要改变自己的行为"，这是最要不得的。

要让他们自己思考，为什么必须要改变自己的行为，然后自己摸索出答案。从理性上明白了什么才是理想的做法以后，思考型的人就会发挥他们的性格优势，完美地付诸行动。他们一旦变得松弛、能与人协作，就能够和他人建立起有意义的人际关系。

因为不再要求别人必须和自己一样，他们的人际边界也会随之变得清晰。他们也明白了也许自己的行事方式比他人优异，但别人并没必要和自己一样。如此一来，思考型的人就能用不偏不倚的思考方式，与他人和谐相处。

做事懈怠是缺点，过度认真却通常不被视为缺点。因此，思考型人格容易被认为是无懈可击的完美人格。但是实际上，不会放松有时也是缺点。从长远来看，思考型身上的问题可能并不容易解决。不过，多花些时间，一点点改变他们看待事物的角度的话，有时也会收效不错。

---

**本节要点**

完美不意味着一切，明白了这个道理，思考型就能学会放松

## 08 感情型人格——若能分清感情和事实，就能冷静做出判断

### 感情型人格——极具利他精神，凭直觉做事

终于来到最后的感情型人格了。他们擅长社交，非常喜欢为他人付出、给他人带来欢乐，乍看上去人非常好，似乎性格上没什么大问题。

但事实并不尽然。感情型的人从小被父母教导要把取悦他人当成一桩要事，被灌输要用和顺的举止态度，而非实际的行动来讨人欢心。因此，他们习惯基于主观情感去判断事物，不喜欢基于事实或逻辑思维来判断是非。如果一件事让他们感觉很好，他们就会认为这就是最好的，而如果对他们摆事实、讲道理，他们却会无动于衷。

感情型的人用自己的"温柔"和"开朗"来取悦他人，把让别人开心这件事看得极其重要，他们会过度消耗心神去关注交流中的对方是否开心、有没有觉得无聊。

因为利他才是最紧要的，他们会理所当然地努力压抑自己的情绪。

因此，感情型的人需要把思考和感情切分开，明白为自己的需求发声和自我取悦也是非常重要的。他们有时无法表达自己的愤怒，但其实他们必须意识到，为了与他人划清界限、捍卫自己的底线而适时发火是十分必要的。

## 感情型人格——喜欢被打动心灵

感情型人格的开放门是情绪。比起思考和行动，他们更喜欢置身于愉快的情绪体验中。运用养育模式以情动人的沟通方式，或者运用感情模式快乐且幽默地推动他们改变都是不错的做法。

感情型的人喜欢乐享当下和用心感受事物，他们会坚定地相信打动了自己内心的人。他们的感情和思考是直接连通的，会把让自己开心的事看作正确的事。由于无法区分感情和思考，他们有时会遇到麻烦。

他们以主观直觉来把握事物，很少理性地思考，因此他们并不太在意自己是否冷静地纵观了全局，或者视角是否客观。

不过，虽然凭直觉做出的判断有时也会比理性客观的判断准确。但大多数情况下，人们都会选择比较容易理解的理性想法。

此外，因为感情型是利他奉献的类型，所以他们会忽视自己，有时还会因此感到困扰。他们无法拒绝别人的无理要求，总想着"再忍忍就行了"，为了他人而苛求自己，结果是有时会把自己逼到绝境。

---

**敏锐地感知他人的感受**

自己的世界

哼

不开心的事就是不重要的事。

为什么呀？

一开始就推动他们思考，并不会打动他们的心灵

思考也很重要哦。

---

## 进阶目标门，推动其思考

为了帮助感情型的人克服其身上的短板，重要的是在接下来的步骤中推动他们思考。

可以运用要求模式，让他们思考"究竟应该采用怎样的方式待人接物"。在愉悦的情感体验中开始理性思考后，他们才会意识到自己行事的偏颇。

自己如果不能更加理性地做判断，或许就会出差错。

该说"不"的时候不能说出口，会给自己和他人都带来麻烦。如果能明确地意识到这些，他们就会下决心改变自己的行为了，不过想要改变感情型人格这种根深蒂固的直觉反应其实并不容易。

他们本就不擅长思考，所以很容易忘记做事之前要先过脑子。要耐着性子反复向他们灌输遇事多思考的理念，改变才会一点点发生。

感情和思维协调统一以后，就可以去改变他们的行为了。感情型的人或许很难做到理性优先，但起码他们可以学会判断何时该采取怎样的行为。

## 就算自己能搞定，仍愿倾听他人意见

即使不是感情型自己所做的判断，而是听取了来自他人的理智声音，只要他们所做的选择能够避免错误的发生，就是做事方式上的一大进步。如果能改变自己过度的利他思维，或多或少地划清与他人的边界，则是向前迈进了一大步。

感情型固有的取悦他人、礼待他人的特质，会让很多人获益。极具仁爱精神的感情型，应该会很有魅力，吸引很多人。虽然他们获得了很多人的喜爱，自己也乐在其中，但是他们有时也会因做不到理性地待人接物而感到痛苦。

虽然人的个性并不是轻易就可以改变的，但明白了这个道理，就是发生变化的起点。

了解自己的性格特质和缺点后，他们就会开始有意无意地去摸索着改变。感性的感情型人格或许就会下意识地去修正自身的缺点。

| 思维启动了，就会转化成行为 |
|---|

我感觉我可以了！

试一试就能做得到哦。

或者

我有点想试试了。

能改变的话，你会很感到很快乐哦。

先从感性层面理解，再深入到思维，最后拓展到行为

## 转变观点——懂得改变自己就是帮助他人

切不可以对感情型做的是，一上来就推动他们的行为。大多数情况下，如果被迫和人沟通，他们会表现出厌恶不满。

受到命令式的、指令式的对待时，他们会不予配合。虽然他们不善于直接拒绝别人，但是会逃避和敷衍塞责。

他们本来就是用感性支配思考的性格，就算你条理清晰地和他们摆事实讲道理，他们也会充耳不闻、视而不见。和感情型的人打交道，有效的做法是诉之以情、以情动人。如果准确无误地连接到了他们的感情，加深他们的理解就不会那么难。

感情型的人不会思考得深入细致，只要他们凭直觉理解并接纳了那些对他们而言最重要的东西，他们就会毫不抗拒地改变自己的想法。

如果他们的改变从结果而言也可以让他人获益，这无疑是锦上添花的。对感情型的人来说，利他是胜过一切的最高准则。如果他们能够明白自律与自爱也会给别人带来幸福，他们或许就会立刻行动起来。感情型的人非常喜欢帮助他人，渴望他人认可自己的善意，他们这样的性格会得到很多人的喜爱。

---

**本节要点**

感情型人格学会关切自己，就能重视思考

## 专栏 4

### 运用正念冥想,实现自我俯瞰

认知行为疗法非常重视自我俯瞰。通过自我俯瞰客观审视自己的性格,可以理解自身的特质,改善不足,自我调整,让自己处于适合的环境之中。

基本的做法就是自我监控,但是俯瞰的方法并非仅限于自我监控。近年来,以正念为代表的冥想蔚然成风,这正是一种自我观照、自我了解的做法。

从这个意义上来说,禅修、冥想、瑜伽之类的方法都和心理疗法的概念十分契合。正念冥想的重点在于,把意念集中到"此时、此地、此身"。运用呼吸法清除心中杂念,从这个角度而言,其做法和大多数的冥想是一样的。

- 轻闭双眼,或者微睁双眼(半睁半闭)。
- 吸气,感受气体充盈于腹部。
- 吐气时,缓缓呼出,让腹部下凹。

这样持续做10分钟左右，就能够调整心态。这类冥想尽量每天都做，坚持做下去，作用就会彰显。正念呼吸法有很强的解压功效，可以帮你在认知自身性格特质的过程中保持放松。

如果你不喜欢自我监控，那么正念、瑜伽和冥想也一样对你有效。

# 理解度测试

- [ ] 认知重构四步法：明确自己的想法、记录自己的想法、分析自己的想法，选择新的思考视角。

- [ ] 想象型人格——从行为入手，推动他们思考，他们就会理解与人交流的必要。

- [ ] 行动型人格——从行为入手，联通他们的感情，他们就会明白做事不疾不徐、从长计议的必要。

- [ ] 信念型人格——从思维入手，触动他们的感情，他们就会意识到自己存在过度疑虑的问题，从而开始相信他人。

- [ ] 反应型人格——通过有趣的行为与他们建立关联，流露真情后的他们会停止纠结，变得坦率。

- [ ] 思考型人格——从思维入手，重拾失却的感情，然后放弃完美主义，学会乐享人生。

- [ ] 感情型人格——用愉悦的情感状态和他们联动，推动他们思考，他们就能学会认真思考、重视自己。

# 第 5 步
# 如何跟不同的人格类型打交道

本章将会为您分析,哪些人格适应类型彼此气味相投,不同的人格适应类型之间如何构建有意义的人际关系。

# 01 不同的人格类型，不同的相处之道

## 人格适应类型的适配度——是不是相同类型的人更处得来

前文介绍了如何运用认知行为疗法和人格适应模型改善并加深自己与他人的关系。首先，通过自我俯瞰审视自身的"心理滤镜"，摆正自己的视角，然后才能实现客观的他者观察。进而运用人格适应类型，去构筑与他人之间的关系。

日拱一卒，功不唐捐。如果能在困境门阶段结成深度关系，就能和他人建立起牢固的信任，还能让人际关系中存在的问题日益改善。

无论是什么人格类型的人，都可以和各种不同人格的

对象建立起良好的关系,同时,如果能够切实践行前述的方法步骤,还有可能进一步改善和深化人际关系。

第4步里讲到,我们想要连通对方的开放门,就需要选择恰当的沟通模式。同理,不同的人格适应类型,也有各自迥异的友好相处之道。

想象型这种容易自我封闭的类型,或许就不太喜欢幽默且外向的反应型。相反,思考型这种踏踏实实、勤恳认真的类型,或许就和想象型意气相投。

## 自我封闭的人格类型与外向的人格类型

从是否擅长交际的角度来划分人格适应类型的组别,可以更好地分析各类型之间的性格匹配度。喜欢独处的是想象型、思考型和信念型。社交外向的类型是反应型和感情型。行动型则在自我封闭和外向这两种状态间频繁切换。

依解决问题时的方式与态度来划分的话,思考型、感情型和行动型属于积极主动的一类,反应型和想象型属于消极被动的一类。信念型则通常介于这两类之间。

喜欢独处的类型和喜好社交的类型,乍看上去脾性不投,实际却未必如此。的确,那些喜欢安安静静待在家里的类型,在气质类型和个人感受方面或许会比较相似,不过像反应型这样的幽默风趣的性格,有时可以弥补思考型性格中认真且木讷少言的一面,给对方带来欢乐,并且社交型的人,有时还可以带独处型的人走出"围城",建立起良好的关系。性格互补，也会给双方都带来新的发现。个性被动的人，有时候相较而言会更享受和性格积极主动的人待在一起，但有时候也会吃不消过度的社交。

**切记不要贸然打开对方的困境门**

我来咯！

!!

不想打开心门的人，如果遭遇到了贸然的闯入，会表现出抗拒的姿态

请不要自作主张来找我哦！

## 直面自身弱点的暴露疗法

只要没有做出贸然打开对方困境门的行为，照理说就可以与对方建构起相应的恰当关系。喜欢独处的人可以在家里享受独处的快乐，但也可以做出一些改变——虽说独处型和社交型是截然相反的性格类型，但社交型的人可以通过共同的兴趣爱好，带动独处型走出"围城"，让独处型一点点变得外向。也有人认为，从解决问题的角度而言，还是彼此缺点互补、短长相济的相处模式更能取得平衡。

此外，虽然原则上来说，贸然打开对方困境门的做法是不可取的，但也有人会通过特意挑战能触及自己困境门的事物，来克服弱点。

这就是"暴露与反应阻断疗法"。这种疗法是指让个体刻意去挑战自己不擅长的事或行为，通过反复训练来克服问题。任何人都是通过体验重复形成习惯的。因此，如果建立了适应，曾经厌惧的事物也会变得没那么厌惧了。这种疗法相当特殊，给治疗对象带来的压力也很大，最好是自己深切感到有做出改变的必要时再采取。因为如果压力过大，就可能会事与愿违，使自己受到更大的伤害。

因为要刻意去面对自己不想面对的东西，所以这种疗法不可能不带来痛苦。通常来说，还是要运用接触门的方法论，按部就班地解决问题。

---

**本节要点**

不同的人格适应类型，不同的相处之道

# 02 想象型和其他人格类型的相处模式

盯

不擅交际的
想象型人格

## 想象型人格接纳法——团队的领导者，偏爱孤独的独行侠

想象型的人一般来说都不擅长与他人打交道，和不同人格类型的匹配度差异显著。

他们性格温柔、有同理心，不过也十分坚持己见、毫不通融。

他们喜欢独处，和他们打交道的话，无论你是什么性格类型，前提都是要尊重他们对孤独的偏爱。不分青红皂白地否定他们的不善变通是没有意义的。

他们虽然不擅长集体活动，但是在一对一的相处模式中游刃有余，因此如果一开始的时候能充分了解他们，并和他们单独交流，他们渐渐就能与他人融洽共处了。

因为他们知识渊博且理性智慧，所以常常充当团队或集体的智囊，发挥出聪明才智。

## 想象型与行动型：优势互补的组合

行动型的人积极主动，具有领导能力。想象型富有同理心的一面，能够很好地回应行动型人格的积极热情。

但是，如果行动型去批评想象型与自己想法迥异之处或者沉湎于孤独的倾向，双方的关系就会变得紧张。

如果行动型能够对想象型偏好孤独、世界观独特的特点表现出理解和包容的话，双方就能建立友好的关系。想象型的人十分倾慕行动型的积极主动，并会给他们以支持。对颇具领导能力的行动型来说，如果能得到对方理性且聪慧的支持，他们就能和对方建立起卓越的伙伴关系。

对容易冲动的行动型来说，经常保持冷静沉着、能理性地为自己建言献策的想象型，在组建团队时是不可或缺的。

人格类型的丰富多元，是维持一个团队平稳与协调的重要因素。理性智慧且不受拘束的想象型的立场和视角，有时可以在团队中发挥重要的作用。

## 想象型和信念型：两个都是智慧型

有些保守同时又头脑清晰的信念型，如果和想象型的人观念相合，就能和对方建立起良好的关系。但是，因为双方都属于强烈坚持自己想法和信念的人，如果意见相左，就会一直处于合不来的状态。

如果想象型的贴心与柔和能完美契合信念型的缜密与聪明，双方就很可能达成恰到好处的、舒服融洽的关系。

虽然信念型的人对社会报以怀疑的态度，但是信念型具有侠义的心肠，他们会努力和作为个体的交流对象构筑平等、良好的关系。对方如果能像行动型那样与他人保持恰到好处的距离感，信念型的人会觉得很舒心。

想象型和信念型的相似点在于他们都理智且头脑清晰。如果志趣相投，他们极有可能会互相帮助对方自我提升。

因为信念型的人自身没有人际交往方面的障碍，所以他们很可能是引导想象型向外探索、直面困境门的恰当人选。

## 想象型和反应型：强求合群，会不欢而散

反应型的人，玩心重、有活力。他们像孩子一般天真无邪、爱交朋友，如果他们没有把握好打交道的时机，他们在想象型的眼里会成为不讨喜的角色。反应型的人协作能力强、喜爱集体活动，所以经常和想象型的想法南辕北辙。

但是，如果积极主动的反应型的想法符合想象型的

观点，在想象型看来对方和自己的世界观并不冲突的时候，想象型就很有可能会顺畅地接受反应型，和他们携手合作。

不过，如果反应型强行要求想象型像其他人那样，与自己合拍协作的话，想象型的人就会觉得不舒服了。

反应型喜欢和人三五成群地聚在一起，如果反应型能理解想象型与自己的迥异也是"性格的一种"，那么他们之间的关系是坏不到哪儿去的。

因为想象型基本上都是思虑深远的性格，所以只要不遭到他人的过度指摘与批评，按理说他们是不会抗拒和对方建立积极关系的。

## 想象型和思考型：当正义感和孤独感相契合，就能相处愉快

我们认为，思考型的人基本而言是非常有道德感的。他们非常重视言行的正确性，容易钻到"认真"的牛角尖里。如果想象型内向的性格倾向能够和思考型的正义感投契，他们就能够建立起非常融洽的关系。

思考型的人责任感非常强，如果他们愿意致力于守护想象型孤独的个性倾向，想象型就会感到自己获得了理解，并和他们构建起彼此不束缚的舒服关系。

> 想象型和思考型都是"认真派"

认真很重要，对吧？

双方都是内向且认真的个性，所以想象型和思考型非常投缘

但是，如果把想象型的孤独感视作不合群，思考型的正义感和责任感就会起到反作用，让两人之间产生很大的隔阂。

对想象型的人来说，如果自己的存在之道遭到了否定，他们就会觉得遭到了巨大的打击。

想象型被他人叩击困境门时，会加固自己的"人际交往防火墙"。对此，思考型的人应该在内心事先有所认识。

想要推动变化的发生，首先要尊重对方的个性，这一点是非常重要的。

## 想象型和感情型：利他精神会带来治愈

感情型的人喜欢自己的善良被他人认可。他们利他精神强，能够理解想象型内心的孤独，并能以真情对待对方，因此对想象型而言，他们是非常舒心的人际交往对象。

想象型的人也体贴且和善，因此他们能和感情型的仁爱精神产生很多共鸣。不过，感情型的人非常热衷交际，喜欢呼朋唤友，他们期冀合群，而想象型追求的则是"保持孤独感"或"建立一对一的伙伴关系"，如果二者的心之所向产生了分歧，那么他们的关系可能就会渐行渐远。

此外，感情型的人多少有些感性，做事听凭情绪，因此在心思细密的想象型看来，有时感情型的人行事太没有章法条理。如此一来，想象型就会对感情型感到失望，最终与其产生芥蒂。

如果想象型坚冰一般的世界观，和感情型热风般豁达的个性之间没有太大的"温差"，想象型会被感情型活力四射、热情满溢的态度治愈，从而给他们自身不断带来变化。

---

**本节要点**

想象型和信念型、反应型特别处得来

## 03 行动型和其他人格类型的相处模式

### 行动型跨出的一小步,可能会通往巨大的成功

行动型的人一旦想到了要做什么,就会付诸行动。相比认真思前想后再去做,他们还是倾向于直接行动起来,摸着石头过河。比起求教他人或者进行调研,他们更多时候是从亲身经历中学到经验教训。

此外,行动型还有遇事能当机立断的特点。这既是他们的长处,也是他们的短板,因为奉行"行动优先",他们从不曾优柔寡断。

犹豫不决的时候,宝贵的时间就白白浪费了,在时间至关重要的商业场合中,行动型的性格特质,既可能带来好的结果，也可能带来恶果。

行动型的人，对既往人生经验形成的直觉和灵感的重视，多过对逻辑的重视。但是，他们不管三七二十一直接付诸行动的做法，有时的确会引领他们走向巨大成功，因此这种个性未必一定是负面的。

## 行动型和想象型：虽然性格迥异，但意气相投

想象型的人十分珍视独处的时间，做事时会思前想后。此外，他们不擅长同步推进多个事情。所以，做目标确切的事或者跟自己节奏同频的事，比较适合他们。

与之相对的是，行动型的人大多行动优先而非思考优先，这两个类型乍看上去天差地别，但实际上，他们如果能互相弥补对方的缺点——想象型不经深思熟虑就迈不出行动的步伐，而行动型又直接行动太欠考虑——那么，他们就能建立起良好的关系，极有可能协力拓展事业版图。

行动型有单枪匹马行动的习惯，他们也不擅长和别人协力做事。不喜欢集体行动这点，行动型和想象型的想法是不谋而合的，他们也能互相理解对方的想法。但是，喜欢单枪匹马并不意味着他们不能合作，如果能互相尊重、合力共事的话，他们应该能够一同取得可观的成就。

> 行动型和信念型：想要成就一件事的想法是不谋而合的

（我们的目标是一样的，对吧？）

精力充沛、富有行动力，就这一点而言，目标一致的行动型和信念型脾性相投

## 行动型和信念型：完美适任团队领袖的绝佳搭档

信念型的人有着强大坚定的信念，乐于自己的想法被他人认可。正因如此，那些重视细节、看重观点表达、需要管理能力和评估能力的工作，以及那些能够彰显个人业绩的工作，可以让信念型发挥出卓越的潜力。

不过，他们有时候也会被人们批评为，过度执着于个人的信念，过于小心，强人所难，不懂变通，等等。

信念型和行动型的共通之处在于，他们都有人格魅力、领袖气质、行动力等积极进取的特质。

他们都不轻信他人、城府颇深，并且头脑清晰，兼具一定程度的机敏。可以说，信念型和行动型非常适合携手共任团队的领导者。

这两个类型的人如果能在领导者的位置上取长补短，会给团队发展带来强大的助推力，他们的组合对促进团队成长而言，是不可或缺的。

## 行动型和反应型：如果双方目标一致，就会形成强大合力

反应型的人有着贪玩求乐的一面。

他们还容易听凭个人好恶行事，待人接物有些不够客观，不过他们判断事物时也有变通灵活的一面。

此外，念头一动就马上行动，行事迅速、雷厉风行也是反应型的一个特点。正因如此，他们适合从事需要发挥玩性天赋或者富有创造性的工作。

反应型和行动型的共通之处在于，他们都会花很多时间和他人交流。不过，这两个类型的人虽然表面看上去都阳光乐观，乐于和他人愉快地交流，但是他们有时候也会和别人发生矛盾纷争。

并且，他们都是一旦起心动念就立马付诸实践的行动派，做事没常性，对人对事的热情一旦冷却，马上就会厌弃。

如果双方能朝着同一个方向努力，或许能够取得卓越的成就。因为这两个类型的人都认为做事要倾情投入。

## 行动型和思考型：合拍实不易，能合则至善

思考型这一类型恰如其名，要深思熟虑后才会采取行

动，因此有追求完美的倾向。

他们大多习惯基于事实或确切的信息等客观的角度，去表达自己对事物的看法，因此他们比较不喜欢抽象虚空的表述。

因为思虑深远，所以要他们做出实际行动往往会比较耗时。此外，他们严于律己，因此被认为能在工作中担当重任。

思考型的人在需要制订计划并依计划行事以及追求高效的工作中，会出色地发挥才能。尤其是依赖周密的计划才能做好的工作，亟须思考型人才大展身手。

行动型基本上和思考型个性迥异，或许会让人觉得他们投契的地方很少，但他们在领导力和值得信赖等特质上存在着共通之处。

此外，行动型是一旦有了想法就会去做的类型，而思考型则是先想好了再去行动，如果双方能够取长补短，作为职场上的搭档，他们或许可以成为完美的组合。

## 行动型和感情型：是冰炭不投的组合吗

感情型的人最开心的就是能给他人带去幸福，他们喜欢看到他人的笑脸。因此，他们有时会把别人一脸严肃的表情擅自忖度为"他生气了"。

他们会喜怒形于色，也会因为得到他人的感谢或褒扬而心生喜悦。

他们重视人际关系，在意别人对自己的看法，不自我中心，因此他们大多深得他人喜欢。

与这些优点形成对照的是，他们在感到压力的时候会变得感情用事，容易逃避现实。

感情型和行动型的共通之处在于，他们都善社交、人脉广，和任何人都能成为朋友。虽然感情型的人有些优柔寡断，但是有时却恰好可以和行动型的草率冲动互相弥补，搭档共事的时候或许能取得极佳的成果。

因为行动型非常热情洋溢，所以能接纳他们的热情并能和他们同频热情的人，能够和他们建立起良好的关系。此外，还有必要了解的是，行动型虽然喜欢激辩讨论，但他们不是运用理论解决问题的类型，而是通过主观的理解处理问题的。

出人意料的是，相比抽象的事理，他们理解问题时更依赖自己的亲眼所见。他们在辩论中的胜负欲极强，但是如果对方拿出感情牌的撒手锏，行动型的人是很吃这一套的。热情有活力的行动型，是很多人憧憬的对象。

---

**本节要点**

行动型跟感情型和反应型合得来

# 04 信念型和其他人格类型的相处模式

> 他真是太可靠了!

## 横冲直撞的信念型,无论何时都坚持做自己

信念型这一类型恰如其名,有着坚定的信念,秉持着自己的信念做事。在旁人看来,他们大多可以信赖、值得尊敬。

但是,正因为信念过于坚定,他们不会去倾听他人的意见,而是会固执己见,把自己的想法强加于人。

甚至,他们常常会过于自信,批评他人的想法。

此外,一旦人际之间发生龃龉,他们大多没办法修复关系。

这种性格特质,在他们面临压力的时候会更加明显地表现出来,执着己见其实也是他们强烈渴望得到认可的一种表现。

对信念型的人而言，获得他人的认可就是他们最大的快乐。

虽然有些不好相处，但是他们身上大多都蕴藏着很高的潜能，如果身处没有压力的环境之中，他们就能够最大限度地发挥出自己的能力。

## 信念型和想象型：信念型会引领需要指引的想象型

想象型的特征在于，他们经常耽于空想，轻易不会做出行动。他们不会自发去做事，而是倾向于等待他人的指令。

不过，想象型大多数都很认真，这也是他们的一个特征。他们能够凝神聚力地去做一件事，只要得到指令，他们就会依照指令尽心尽力。

此外，他们还很有韧劲，不会轻言放弃。

与被动的想象型形成鲜明对照的是，信念型秉持着强烈的个人信念，做事积极主动。

两者的契合度并不低，对于信念型发出的指令，想象型的人能够认认真真地去完成，担当好执行者。

两类人格乍看上去是截然相反的，但是二者协力，却能够在工作中取得绝佳的平衡。

## 信念型和行动型：个性相仿，协同效应也很显著

行动型当中的大多数都秉持着"行动优先"的思维模式，一旦决心要做的事就必须付诸行动。

他们行动迅速，比起求教他人或者调研，他们更多时候是从亲身经历中学到经验教训的。

另外，行动型容易认为"自己是很特别的"。感受到压力时，他们或者拒绝承认自己的过失，或者轻易放弃与他人的合作。

行动型和信念型性格上重合的地方颇多，因此他们如果成为工作上的搭档，颇有发生冲突的风险。

但是，行动型的人适应能力很强，善于沟通交涉。

如果能集中于工作本身，且其中一方能坚持成熟稳健的处事态度，本就积极主动的行动型和信念型的合作，很可能会产生巨大的协同效应。

## 信念型和反应型：反应型的想象力是合作的利器

反应型大多是喜欢玩乐的人，或许可以说，他们判断事物时不以"是非"为凭，而以"好恶"为准，思考视角很主观是他们的个性特征。

**脾性不投的信念型和反应型**

> 这人我真是搞不懂!

抗拒

质朴刚健的信念型和幽默诙谐的反应型,是迥然相异的性格

反应型当中多数是所谓的"右脑型思维者",创意者居多,他们一旦沉迷于自己喜欢的事物,就会对周围的一切视而不见。

我行我素也是反应型的一个特点,有时即使对方正在发火或者在聊很严肃的话题,他们也会一脸笑嘻嘻。虽然他们并没有什么恶意,但是会惹怒对方。

反应型和信念型不太合得来。在自信且坚持己见的信念型看来,反应型是和自己截然相反的性格,经常会让他们感到抓狂。

不过,卓越的想象力也是反应型的一大特征。

稍有些顽固的信念型恰恰欠缺想象力,因此如果反应型的想象力能让信念型心悦诚服,或许他们之间就能构筑起良好的关系了。

第 5 步 如何跟不同的人格类型打交道 | 155

## 信念型和思考型：利益一致时，会结成最佳拍档

思考型的人有完美主义倾向。他们擅长逻辑思考，思考问题时绝不主观臆断，看重事实和信息。

因此，思考型的人多擅长策划和调查。他们责任感也很强，做任何事都全力以赴负责到底，属于团队中的优等生。

此外，当感受到压力，他们也会做出消极的举动，诸如把自己的行事方式强加于他人，或者否定他人的能力，等等。

人们都说，思考型和信念型的思维方式十分相似，很难区分。因为他们都个性强势，一旦因为某个事端失和，修复关系并非易事。

但是，如果思考型能够很好地理解信念型的主张，且双方利益一致的话，他们应该能够结成最好的伙伴关系。

## 信念型和感情型：感情型如能体察到信念型的内心，双方就能够友好相处

感情型的人认为"别人的幸福即自己的幸福"。

他们大多不在乎自己的付出，十分关心身边人。因为他们还具有较强的人际协调能力，所以经常会有很多人聚集在他们身边。

感情型非常喜欢与人相处，因此他们适合从事可以赢得他人喜爱与感谢的工作。在团队当中，感情型也是会被

重情义的上司青眼以待的类型。

然而，信念型大多认为自己的想法很正确，性格和感情型是截然相反的。

基于上述特征，我们会得出结论：感情型和信念型的个性并不投合。在信念型看来，为了他人的笑容而奉献自己是令人难以置信的，他们实在无法理解感情型的思考模式。

虽然是不相契合的两类人，但是因为感情型擅于体谅对方，如果他们体察到了信念型的内心，然后圆滑处理他们间的矛盾，那么双方也能成为关系良好的工作伙伴。

顽固的信念型有明晰的世界观和思考，只要在这个核心问题上能和他们取得一致，基本而言是可以与他们构筑起良好关系的。在相同的思想水平上，他们会重视对方，化身坚实的支持力量。一旦建立起紧密的合作关系，信念型会成为最可信赖的伙伴。

---

**本节要点**

信念型基本而言和想象型、思考型最合拍

# 05 反应型和其他人格类型的相处模式

反应型非常喜欢乐享人生,热心于钻研

## 凭直觉行事的反应型,想象力是他们的利器

反应型大多是创意者,即所谓的"右脑思维者"。他们判断事物大多以"好恶"为基准,追求"轻松惬意"以及"快活开心"。

正因如此,他们专注于自己喜爱的事情时会发自心底地凝神聚力,表现出惊人的专注。不过,他们有时也会因为潜心于自己的世界,忽视周遭的人和事。

因为反应型做事容易依赖自己的直觉,所以他们大多不擅长从客观的视角展开逻辑清晰的思考。此外,他们还有些优柔寡断,做决定比较耗时,并且心里有不满就会直接表现出来,有时会招致他人的反感。反应型能够大放异彩的领域，曾经仅限于团队中的创意性岗位，不过时过境迁，现在即便是企业也不复曾经的刻板，渴求灵活新奇的创意。善用反应型的人才，或许能给企业创造出新的价值。

## 反应型和想象型：想象力和实践力的互补

想象型非常我行我素，无比热爱独处。他们的想象力也十分丰富，喜欢安安静静地埋头做事。

他们大多认真且专注力强，做事孜孜不倦、踏踏实实，实操能力强。

可以按照自己的节奏去推进的工作，以及需要谨慎用心的精细工作都非常适合想象型，即便会耗时费心，他们也能不厌其烦地把工作最终完成。

反应型虽然有优秀的感受力和想象力，但是他们中的有些人不擅长把自己的想法通过枯燥的实践转化为具象的事物。

如果想象型能够恰到好处地辅助反应型，把他们奇妙的想法转化为有形之物，尤其在产品开发等方面，他们可能会结成最好的搭档。高超的想象力和实践力的组合一旦达成，就是最完美的。

> 反应型和行动型主观感受一旦合拍就会成为好搭档

> 我们一起去做有意思的事儿吧！

喜欢与他人打交道的反应型和行动型，非常契合

## 反应型和行动型：能够优势互补的组合

行动型是行动优先于思考的类型。他们行动力超群，社交能力也高超，总的来说此型人格的人大多会是公认的优秀人才。

与之相对的是，他们在感受到压力时，也会表现出强人所难或者拒绝认错等顽固的一面。此外，在开会的时候，他们会对自己感兴趣的话题侃侃而谈，对没有兴趣的话题就缄口沉默，表现得十分冷淡。

行动型的人主观性很强，从这个角度而言，可以说他们和反应型的思维方式一致。反应型和行动型的个性契合，如果行动型能够弥补反应型决断力不够和行事冲动上的些微不足，他们就会在团队中发挥巨大的能量。

## 反应型和信念型：看上去势同水火，实际是理想拍档吗

信念型有着坚韧的自我意志，无论发生什么事，他们都不会改变信念，坚持勇往直前。

因为他们的意志过于坚定不移，做事时有时会把他们自己的价值观强加于他人，从而招致反抗。

信念型和反应型并不太合拍。

反应型多数是凭直觉行事的，在信念型看来，反应型的行事方式是令人费解的。并且，信念型在遭受压力时，会表现出否定别人想法的消极一面，因此他们会批评反应型的犹疑不决、思维粗疏欠逻辑。

信念型大多关注细节、谨慎认真，一般来说他们都有着卓越的实践能力。

如果反应型和信念型能建立良好的关系，互相帮助对方弥补不足，可能会取得出色的成果。

## 反应型和思考型：如能互相配合，将能产出成果

思考型多是完美主义者，做事讲求有理有据，很少主观臆断，会基于事实和信息证据来思考问题。

正因如此，思考型大多善于规划工作，判断力卓越，他们和信念型都有着优秀的实践能力。

不过，思考型和反应型却脾性不投。因为思考型做事

会秉持客观视角，他们多半无法理解凭主观直觉行事的反应型。

然而，一个团队并不是单凭理性的逻辑思维就能凝聚运转的。有时候也需要反应型的灵感与创意。

行动型和反应型的关系也是如此，如果他们能彼此帮助对方弥补不足，建立起合作共同体，就会做出一番理想的成绩。

**开心至上的反应型和感情型**

"一起去做开心的事儿吧！"

在乐享生活方面，反应型和感情型是绝配

## 反应型和感情型：如果目标一致，将能相得益彰

感情型秉持的想法是"他人的喜悦就是我的喜悦"，他们大多视取悦他人为人生要义，适合从事可以赢得他人喜爱与谢意的工作。

正因为感情型多半都感受力强，重视人际关系，所以他们很少树敌，但是有时候也会因此不堪重负。

感情型和反应型有很多相似之处，私下他们可以成为很好的朋友，不过他们互补之处较少，作为工作伙伴反倒不太适合。但是，正因为他们双方都是凭直觉行事的类型，所以如果能够目标一致，或许可以做成一番具有创新价值的事业。

反应型虽然幽默，但是也富有智慧，他们不会在不恰当的场合胡闹，而是会恰当地享受快乐。

信念型和思考型这类较为认真的人格，可能乍一看会觉得反应型难以理喻，但只要他们知道了反应型的能力，就会对他们另眼相待。

---

**本节要点**

反应型和信念型、思考型有些处不来

# 06 思考型和其他人格类型的相处模式

思考型责任感强烈，喜欢依计划做事

## 重义务、讲责任的思考型是团队的领头羊

执着于达成目标的思考型，有着强烈的责任感和义务感。

他们会认真遵守规则，强烈渴望自己做的事能得到他人的认可。因此，相较于审时度势做讨巧的事，他们会选择工作优先、努力做事、规范行事。

思考型的人适应性强，为了在工作当中成为一名优秀的执行者、管理者和成功者，一旦有什么地方做不到位，他们就会心神不宁；做事不顺遂时，就会郁郁寡欢、苦闷焦灼。

这时，他们不仅会自我批判，还会批评、抨击他人。

因为思考型希望能按照自己的想法做事，并强烈渴望得到认可,所以他们经常不懂得放轻松,精神紧张。

如此完美主义的、工作狂的思考型人格,因为在团队当中做事井井有条、很会照顾他人,往往会成为受人仰赖的领导者。

## 思考型和想象型:思考型是想象型的有力支持者

思考型的人,思考问题讲究事实和依据,做事讲求效果和效率。

具有如上性格特点的思考型,对待不善交际的想象型时,会充当温柔的守护者和支持者。

想象型喜欢独处,不擅长见机行事,思考型则不拘泥于行事的时宜,只要对方做好了分内之事,他们就会给予认可和好评,并且他们取得了成果也不会贪功独霸,而是能分而享之。

但是,如果想象型自行其是的做法妨害到了团队中的其他成员,阻碍了目标达成的话,思考型和想象型的关系就会恶化到无以复加。

思考型的人会因为无法理解想象型的做事逻辑,对他们不分青红皂白地加以否定。

思考型的人,时刻心系成为优秀管理者和成功者的目标,如果他们能够意识到自己作为团队的领导者,有必要善用想象型的能力,他们就能够和想象型建立起良好的关系。

## 思考型和行动型：都是领导型

行动型人格的特征在于，富有行动力，做事追求以最小的努力博取最大的收益。

思考型和行动型在团队当中，都是受人信赖的、具有领袖魅力的类型，不过正因如此，他们的合作也会问题频出。

虽然思考型和行动型私下关系很好，但因为他们都有领导者的性格特质，所以有时会互相看不惯。

并且，他们会为了坚守自己的立场，把工作当作保持与对方距离的手段。

思考型和行动型如果锚定了共同的目标展开竞争的话，双方就都会想要在智力上击败对方，占据上风，整个团队也会因此变得不和谐。

思考型和行动型都有着明确的目标意识，都会用高效的行动去达成目标，因此如果目标是他们都认可的，双方的合作很可能会让工作变得更加高效。

想要贯彻自己的行事方式并得到周围人的认可的话，执行力在工作中是十分重要的。

## 思考型和信念型：可能会互相隔绝、无法沟通的组合

信念型是执着于自己想法的人，有着冥顽不化的一面。因此，他们遇到和自己想法不一致的人时，就会无法

包容对方。

与之相对的是，思考型是努力上进派，一旦他们预期的计划被迫发生变动，就容易变得抑郁苦闷。

思考型和信念型都是执着己念、受人仰赖的类型，乐于施教于人，想要掌控自己以及身边人，正因如此，他们实际上都有些神经质，一旦被人批评内心就会震荡。

思考型和信念型都害怕被他人获知自身的缺点，所以动辄就在自己的周围建起壁垒，谢绝他人的进入，把自己封闭起来。

为了避免这种情况的发生，最重要的就是双方要建立起良好的关系，优先团队的秩序而非个人的主张，踏踏实实做好该做的事。

## 思考型和反应型：激发彼此能量的绝佳组合

反应型会把精力倾注在能让他们乐在其中的事物上，如果遇上不称心如意的事，他们就会耍小性子闹别扭。

他们性格开朗，待人接物也敞亮，但做事必须要由着自己的性子和方法。

因此，他们有时会挑剔团队的条条框框，或者看着挺顺从配合的，但突然就不守规矩，从而让正在推进的工作停滞不前。

思考型的人秉性纯良，视认真踏实为人生要义，所以他们发自内心地不认同个性反复无常的反应型的所作所为，这两种类型的人之间横亘着巨大的隔阂。

反应型的特点在于，具有被动的攻击性。

虽然他们平素的表现很平静，但其实他们内心中经常会激荡着矛盾和纠结——想要认真做好当为之事，又想要挣脱束缚不管不顾。

思考型想要改善和反应型的关系的话，就需要理解他们内心的纠结，恰到好处地激发出他们的能量，让他们去追求喜爱的事物。

## 思考型和感情型：培育联结点，成为好拍档

感情型和他人交往时总是精力充沛，喜欢让自己和他人都心情愉悦。

因此，感情型有很强的利他精神，很多时候做事是为他人谋利益而非为自己。

思考型的人强烈渴望得到他人的关心和好评，因此他们做事也不会仅为了自己，在愿意为他人付出这一点上，思考型和感情型有着共通之处。

当预期的目标未能如愿达成时，思考型的人会变得挑剔抱怨、具有攻击性，这时如果感情型能理解、接纳他们的话，思考型会和感情型结成良好的伙伴关系。

> 享受目标达成的快乐，结成良好的伙伴

开开心心地实现我们的目标吧！

思考型的成功意愿和感情型的利他精神完美结合的话，他们就会结成彼此信赖的深厚关系

　　感情型的开放门是情绪。和他们打交道的时候，不仅要和他们直截了当地说明"怎么做才会收效好"，更重要的是要顺应对方的心意去培养双方关系。思考型如能凭借自己的智慧，去了解不同人格类型的特点，应该能把握好如何恰如其分地与其他人格类型相处。

### 本节要点
思考型和想象型等腼腆的人格类型最情投意合

## 07 感情型和其他人格类型的相处模式

> 做人最重要就是要能体谅他人啊。

总想要让他人开心愉悦的感情型

### 与人相处时总是活力四射的感情型

感情型的人热情洋溢,很容易喜欢上一个事物并沉湎其中,是所谓"开心果"的类型。他们与别人相处时总是情绪高涨,喜欢让自己和他人都身心愉悦,也称得上是比较孩子气的类型。他们在人际交往中十分积极,会主动与他人打交道,善于社交,待人接物周到。

感情型的人,不是通过"自己做了什么"来取得身边人的欢心的,他们追求的是以"自己是怎样的一个人"这种态度来取悦他人。

换言之,他们认为自己的价值不在于自己做了什么,而在于自己这个人本身受不受他人喜欢、有没有人关心。

感情型的人容易情绪高涨，喜怒皆形于色。然而，他们会通过主观感情来研判事情，容易陷入执着，无法冷静地判断事态。

## 感情型和想象型：需要避免个性不同所带来的倦怠

想象型喜欢独处，与之相对的是，感情型却是以与人交往、收获他人的喜爱为价值取向的类型。感情型不会与他人划清人际边界，有时会直接闯入他人的心房，对想象型来说，感情型的做法会给他们带来巨大的心理负担。

并且，想象型不会把内心的想法直接表达出来，如果在人际交往中感到不舒服、受了伤，他们只会把自己封闭起来。

如此一来，感情型就被想象型敬而远之了，努力构建的信赖关系也会土崩瓦解。想象型和感情型并非不想待在一起。只不过，因为相处久了会感到倦怠，所以想象型需要通过独处来消解压力。

感情型想要和想象型构筑起良好的关系，就不要过度干涉想象型。重要的是，双方需要互相理解对方的性格特质，形成互补。想象型不被他人干涉就不会不满，感情型了解这一点以后，他们就会相处愉快。

**充满活力的感情型和行动型**

做人就要开心和有活力！

总是精力充沛的行动型和想要让所有人都开心的感情型，**特别投缘**

## 感情型和行动型：掌控自己的情绪，切忌被对方左右

行动型希望身边人能够像慈爱的父母对待孩子一样对待自己。他们很难信赖他人，不希望受到他人的伤害。当他们有迫切想要的东西时，会倾向于通过某种策略以及操控他人的方式来获取。

行动型也擅于社交，人脉很广，和什么样的人都能成为朋友，但都是表面上的泛泛之交。

与之相对的是，感情型的人十分敏感于他人是否喜欢自己，当他们被他人需要时，他们会感到愉悦振奋，反之就会陷入全面的自我否定之中。

感情型和行动型打交道时，一旦感到对方对自己漠不关心，就会内心慌乱，感到苦闷和不安，甚至对身边人的建议也充耳不闻。

所以，感情型和行动型来往时，最重要的就是不要被对方的情绪左右。

## 感情型和信念型：保持恰当的距离最重要

信念型的人，时常忧心于不测的发生，总是谨慎行事以防差池，怀疑身边的一切并想要掌控一切。

因此，当他们被别人拖了后腿、行事不顺的时候，就会对肇事者进行攻击。

信念型一开始的时候会以坦率的态度靠近感情型，发生龃龉后，受了伤感到不安的信念型，疑虑就会加深，甚至会对感情型进行打击。

一旦信念型的人开始大声呵斥、喷射怒火，他身边的人就会变得手足无措，想要默不作声息事宁人。

如上个性的信念型，对感情型的人来说是不堪忍受的对象。在感情型看来，感情即事实，他们也会因此对信念型表现出负面的情绪。

当这样的危险信号出现的时候，感情型最应该做的就是保持和对方的距离，直面问题不要轻易逃避，同时不要忘记，无论对方的反应如何，都要确信自己是有价值的。

## 感情型和反应型：控制情绪，求同存异

反应型像孩子似的总是精力充沛，喜欢享受生活，做自己喜欢的事情时尤其生龙活虎。

不过，与之相应的是，他们也十分自我中心，别人若是拂了他们的意，他们就会不开心、闹别扭。

反应型的开放门是行为，具有被动攻击性。他们总是纠结摇摆，即使做了决定，也还是会不断纠结。

因此，反应型的人做事缺乏一贯性，给人敷衍塞责的印象。他们还常常心怀不满，并且会把这不满窝在心里默默发酵。

反应型想要和感情型相处愉快的方法就在于求同——一起享受生活。

并且，要当心不要做出过度的情绪反应，要愉快地与对方交谈。

如此一来，感情型也会心里舒坦，彼此间就能建立起良好的关系。

## 感情型和思考型：用提问叩开心门，激发共鸣

思考型的人，如果做事没能全力以赴心里就会惴惴不安。此外，他们遇到问题的时候，不是马上付诸行动去解决，而是容易陷入困顿和苦闷。

此时，如果直接批评思考型的行为，他们就会否定自

己，觉得自身没有价值。

感情型的人，希望别人能和自己的心情同频，因此像思考型那样，一味地和感情型讲道理的做法，感情型其实并不领情。甚至，当思考型的人条理分明地批评他们的言行时，感情型的人会感觉受到了伤害。

思考型的开放门是思维，因此要想和他们取得良好的关系，行之有效的做法是通过恰当的提问来推动他们思考。因为他们喜欢思考，思考就是和他们建立起信任关系的桥梁。若能了解他们的想法，使其感受到双方想法的共鸣，思考型的思考就会再进一步，从而展现出他们身上积极的一面。

感情型的人，恰如其名是情深意重的性格。他们最喜欢的就是触动感觉和感情。即使是思考型和信念型这样的认真且淡漠的性格，如果感知到了感情型的情意，或者意识到了某事的意义，也会主动行动起来，和感情型建立人际上的联结。感情型的人可以说是奉献精神的化身。如果一个团队想要建立良好的人际关系，感情型乃是不可或缺的存在。

---

**本节要点**

感情型和行动型、想象型可以缔结深厚的关系

## 专栏 5

### 切不可把人格适应模型绝对化

了解了人格适应的6类人格类型,应该就能够加深对自己以及他人的了解了。诚然,人格适应模型是基于一定的数据得出的可以洞察个体性格的一种恰当的方法论。

但是,必须要注意的是,切不可盲信人格适应。如今,在心理咨询的临床实践中也出现了重视个体性的方法论——任何一个来访者都是一个独立的"个体",而不从属于任何类型,也未必需要类型化。

基于人格适应得出的人格类型本身也不过是一种性格分析的参考。人格适应论本就是面向人类全体的,而每个个体都会稍稍和这个理论里的原型有些不同。切记别被理论的条条框框束缚住。

# 理解度测试

- [ ] 想象型、思考型和信念型是不擅社交的独处型，反应型和感情型是社交达人型，行动型介于二者之间。

- [ ] 想象型，喜欢独处，因此最好不要勉强他们参与社交。

- [ ] 行动型，干劲十足、勇往直前的样子最是光彩夺目。

- [ ] 信念型，顽强执拗、自行其是，追随他的脚步不会出错。

- [ ] 反应型，开心的时候会干劲冲天，非常适合担任团队里的气氛制造者。

- [ ] 思考型，做事追求完美、重视计划，把主导权交给他们准没错。

- [ ] 感情型，只要不破坏他们的美好心情，一起享受欢乐就能相安无虞。

# 参考书籍

[1] 玉井仁. マンガでやさしくわかる認知行動療法[M]. 東京：日本能率協会マネジメントセンター，2016.

[2] 玉井仁. 自分をもっと好きになるノート　認知行動療法で自己肯定感を育てる[M]. 東京：日本能率協会マネジメントセンター，2019.

[3] 玉井仁. 自分に「いいね！」ができるようになる本[M]. 東京：清流出版，2017.

[4] 倉成宣佳. 交流分析にもとづくカウンセリング　再決断療法・人格適応論・感情処理法をとおして学ぶ[M]. 京都：ミネルヴァ書房，2015.

# 术语索引

## B

| | |
|---|---|
| 暴露疗法 | 138 |
| 暴露与反应阻断疗法 | 139 |
| 北野武 | 41 |
| 笔记法 | 17 |
| 边界 | 12–15, 18, 89, 125, 129, 171 |
| 标签化思维 | 58 |
| 表现型的适应类型 | 27, 39, 43, 47 |

## C

| | |
|---|---|
| 超前满足式育儿 | 31–32 |
| 出木杉 | 44 |
| 传统 | 34–35 |

## D

| | |
|---|---|
| 代用感情 | 59, 62, 66 |
| 耽于空想 | 153 |
| 耽于想象的梦想家 | 9, 26 |

## E

| | |
|---|---|
| 二元论的思考模式 | 55 |

## F

| | |
|---|---|
| 反复无常的教养 | 35–36 |
| 反应型人格 | 9, 38–41, 72–73, 114–116, 119, 134 |
| 敷衍塞责的教养 | 28 |

| 负性思维 | 7, 55, 58, 113 |
| 富有才华的怀疑者 | 9, 34 |
| 富有魅力的操纵者 | 9, 30 |

### G

| 感情模式 | 92–94, 103, 115, 127 |
| 感性的 | 58, 130 |
| 高仓健 | 36–37 |
| 歌德 | 29 |
| 革命家 | 32–33 |
| 个人化思维 | 55, 58 |
| 个性保守 | 34 |
| 公益之心 | 46 |
| 沟通分析的哲学 | 8 |
| 沟通分析疗法 | 7–9, 12, 15, 92 |
| 沟通模式 | 92–94, 103, 137 |
| 管束过度的教养方式 | 39 |

| 过度概化 | 55, 58 |

### H

| HSP | 50 |

### J

| 接触门理论 | 94–95 |
| 界限 | 81, 127 |
| 禁止令 | 58–59, 62, 66, 70, 72, 74, 78, 82 |
| 精英志向 | 44 |

### K

| 开放门 | 94–95, 97, 103–104, 109, 115, 121, 127, 137, 169, 174–175 |
| 夸大化 | 55, 58 |
| 狂热的过度反应者 | 10, 46 |

困境门　95, 98–99, 105, 110, 117, 136, 138–139, 142, 144

## L

利他精神　46, 52, 82, 126, 144, 168–169
两津勘吉　64
领导能力　30, 64–65, 141

## M

目标达成指向的教养方式　43
目标门　95, 97, 104, 109–111, 116, 122, 128

## N

内心的泥淖　55–56

## Q

气氛制造者　49, 81, 86, 177
切·格瓦拉　33
感情型人格　46–49, 80, 82–83, 126–127, 129–131, 134
驱动信息　62, 66, 70, 74, 78, 82
取悦他人指向的教养方式　47
群体压力　14

## R

热衷钻研　26, 51
人格适应　1, 7–9, 11–12, 19–20, 23–24, 27, 37, 55, 57–59, 84, 92–94, 100, 113, 135–137, 139, 176
人人存在即合理　8, 12, 18
人生脚本　58–59, 61, 83

| | |
|---|---|
| 认知行为疗法 | 1–3, 5–7, 15–16, 18, 20, 23, 55, 84, 132, 136 |
| 认知重构 | 87–88, 92, 134 |
| "肉食系"人格 | 67 |

## S

| | |
|---|---|
| 三岁看大，七岁看老 | 11 |
| 社交焦虑 | 26–27, 52 |
| 生存型的适应类型 | 27–28, 31, 35 |
| 石川啄木 | 29 |
| 适应类型 | 7–8, 27–28, 31, 35, 37, 39, 40, 43, 45, 47, 54, 55, 58–61, 87, 93–94, 100, 103, 113, 135–137, 139 |
| 思考模式的缺陷 | 54 |

## T

| | |
|---|---|
| 特蕾莎修女 | 48, 80 |

| | |
|---|---|
| 跳跃性思维 | 58 |
| 头脑清晰 | 68, 71, 109, 141–142, 148 |
| 图式 | 4, 5, 7, 18 |

## W

| | |
|---|---|
| 完美主义 | 42, 44, 45, 68–69, 76, 84, 86, 123, 134, 156, 161, 165 |

## X

| | |
|---|---|
| 喜欢华丽的服饰 | 64 |
| 侠义心肠 | 35–36, 52 |
| 夏目漱石 | 29 |
| 想象型人格 | 9, 26, 28–29, 60–63, 96–98, 101, 134, 140 |
| 心理过滤 | 55, 58 |
| 心情天气 | 16 |
| 信念型人格 | 9, 34–36, 68, 108–109, 134 |

行动型人格 9, 30-33, 64, 66, 102, 103, 107, 134, 141, 166

## Y

| 亚里士多德 | 29 |
| --- | --- |
| 养育模式 | 92-94, 104, 109-110, 116, 122, 127 |
| 要求模式 | 92-94, 109, 121, 128 |
| 一本正经 | 42, 79 |
| 一小步一小步地做出改变 | 85 |
| 应该思维 | 55, 58 |
| 硬汉 | 36 |
| 优等生性格 | 45 |
| 幽默的反抗者 | 9, 38 |

## Z

| 责任感强烈的工作狂 | 9, 42 |
| --- | --- |
| 宅男/宅女气质 | 61, 63 |
| 哲学家 | 26, 29 |
| 正念 | 132-133 |
| 支配模式 | 92-94, 97, 103, 115 |
| 中断模式 | 92-94 |
| 自测表 | 24 |
| 自动思维 | 3-5, 18, 20-22, 55, 84, 89-91 |
| 自我封闭 | 30, 62-63, 97-98, 103, 137 |
| 自我俯瞰 | 6, 13, 16, 20-21, 56, 87, 90, 92, 132, 136 |
| 自我监控 | 19, 20-23, 52, 63, 132-133 |
| 自我认同感 | 7, 18 |
| 自由主义者 | 32-33 |

# 译后记

众所周知，麻雀属于鸟类，那您觉得企鹅算得上是鸟吗？

——这其实是认知语言学家西村义树的科普小书里的一个经典提问，它背后牵涉到的是有关"范畴观"的哲学问题。我们可以毫不犹豫地判定麻雀是鸟，因为它几乎完美地契合了"带羽、卵生、巢居、会飞"等特征，这些特征勾画出了人们心目中典型的"鸟"的轮廓，印刻在我们的百科知识里。但面对企鹅的归属时，或许我们就会有些犹疑。因为它不会飞也不巢居，羽毛乍看上去甚至更像是兽毛。但企鹅的生物学分类的的确确是鸟纲，不过它们属于不够典型的鸟。

其实，任何范畴里都兼有典型性成员和非典型性成员，就譬如鸟类中的麻雀与企鹅，也譬如本书中的6类人格适应类型，其实也分典型的"××型"人格，与非典型的"××型"人格。

第2步中的人格自测，每个人格类型的得分区间都是5~20，刚刚好只得5分或者刚刚好满分的情形应该不多，我猜很多读者的得分应该都是高高低低地落在了10分左右。换言之，我们通常不会百分之百地贴合某一个人格类型的原型（典型性成员），但也很难完全摒除某一人格类型的全部特质。这就是本书作者所主张的"切不可以把人格适应论绝对化"。因为每个人的性格都是复杂而多元的，杂糅了多重的人格类型特质。

我在"想象型""信念型"和"思考型"上的对应得分都颇高，而这三类又都属于"独处型"的人格大类，我的确不是社交达人，但日常给朋友同事的印象，却也不是全然回避社交的独行侠，因为我还兼有"感情型"的合群倾向和柔软内心。所以，我自己也是一个多重性格特质的矛盾混合体。

本书对6类人格特质的描摹，勾画的是各类型的典型性成员的风貌，但如果我们不是某一人格类型的"满分得分者"，自然也不会彻头彻尾地匹配该人格的全部特征。这种人格特质的"不纯粹"与不典型，才造就了一个个鲜活生动、与众不同的我们，才让我们既可以互相理解，又彼此区别。

其实，认知语言学的范畴观是继承自认知心理学的，所以我一个语言学专业出身的译者，才会在翻译本书的过程中体尝到了醍醐灌顶的通透感和久别重逢的亲切感。

在译书的三个月里，我在事业上经历了数次大大小小的挫折和失败，人在不顺遂时，非常容易自我怀疑甚至自我否定，我本就不是一个内核稳定的人，遇到这些打击后尤其萎靡。但这本心理学小书的翻译给了我很多慰藉和支持，里面提到的"自我俯瞰"的视角，启示我走出了片面性自我归咎的泥淖。2023年对我来说是比较艰难且苦涩的一年，但冥冥中遇到的这本小书，让我有了再接再厉下去的勇气。此刻，我恳切地希望正在翻看本书的您，也能从这本书中汲取到力量与智慧。

译者
2023年12月